MÉDITATIONS

SUR

LE SAINT-SACREMENT

PAR

M. l'abbé Xavier DEIDIER ;

SUIVIES DE

L'HISTOIRE DE MARIE-ANGE.

MARSEILLE.

P. CHAUFFARD, Imprimeur-Libraire,

place Noailles, 24.

—

1860.

MÉDITATIONS

SUR

LE SAINT-SACREMENT

PAR

M. l'abbé XAVIER DEIDIER ;

SUIVIES DE

L'HISTOIRE DE MARIE-ANGE.

MARSEILLE.

P. CHAUFFARD, Imprimeur-Libraire,

place Noailles, 24.

1860.

Marseille, Imp. P. Chauffard, boul. du Musée, 24.

APPROBATION.

CHARLES-JOSEPH-EUGÈNE DE MAZENOD,

par la Miséricorde de Dieu et la grâce du Saint-Siège Apostolique,

ÉVÊQUE DE MARSEILLE,

ayant privilége au sacré Pallium, assistant au trône pontifical,

SÉNATEUR,

Commandeur de 1re classe de l'ordre des SS. Maurice et Lazare, etc., etc.

Avons fait examiner le manuscrit que nous a présenté M. l'abbé Xavier Deidier, prêtre de notre diocèse, sous le titre de : *Méditations sur le Très-Saint Sacrement.* Le rapport qui nous a été adressé est en faveur de cet ouvrage. On y a remarqué la solidité de la doctrine et la simplicité de l'exposition des vérités que la foi nous enseigne sur la divine Eucharistie.

Nous permettons en conséquence la publication de cet ouvrage.

Donné à Marseille, dans notre Palais Épiscopal, sous notre seing, le sceau de nos armes et le contre-seing de notre secrétaire, le 30 mai 1860.

† C.-J.-EUGÈNE,

Évêque de Marseille.

Par Mandement de Mgr. l'Évêque,

J. CARBONNEL,

Chanoine, Secrétaire-Général.

TABLE.

—

FIN DE LA TABLE.

PRÉFACE.

Voici quelques mots sur le Très-Saint-Sacrement. Ils sont bien courts ; ils sont écrits sans ordre apparent, la nature en a et n'en montre pas ; ils s'adressent à tous et en particulier à ceux qui souffrent : et qui ne souffre pas en ce monde ? . . Est-ce témérité de parler de cet adorable mystère ? Non. Celui qui permet à l'homme de s'en approcher ne s'offense pas quand il en parle, et on ne peut pas plus en parler dignement que s'en approcher dignement.

Nous avons donc écrit, sans prétention aucune, ces courtes méditations pour faciliter la dévotion des fidèles. Chaque jour du mois, la sainte Eucharistie est exposée solennellement sur quelque autel, et on est bien aise en l'adorant d'avoir en main un livre capable de suggérer une bonne pensée, une salutaire affection. Celui-ci contient, à cet effet, trente petites méditations qui serviront plus spécialement pour le mois du Très-Saint-Sacrement. Pourquoi ne pas célébrer en effet ce mois, comme on célèbre si populairement dans chaque maison le mois de Marie? Qui empêcherait, au premier jour de juin, de remplacer la statuette de la Vierge mère par une belle gravure de la Cène devant laquelle on ferait sa méditation ? Qui empêcherait pendant tout ce beau mois d'aller faire une courte visite au Très-Saint-Sacrement, ce petit livre entre les mains ? C'est l'affaire de quelques minutes et ce serait la source de grandes lumières et de grandes grâces. Nous ne désespérons pas de voir s'établir cette pieuse coutume et nous nous estimerions trop heureux si ce livre y contribuait en quelque manière.

PREMIÈRE MÉDITATION

Venez tous à moi.

Entendez tous, ô hommes, ce cri sorti du Saint Tabernacle : « Venez tous à moi. » Non, jamais pareille invitation ne vous a été faite : jamais une plus douce voix n'a retenti à vos oreilles. Vous vous êtes crus, peut-être, appelés un moment ; vous vous êtes rendus aux paroles flatteuses du monde, de la sensualité ou de l'ambition ; les chants de ces sirènes vous ont endormis et la frêle barque qui portait vos destinées éternelles a fait un triste naufrage. Maintenant, où irez-vous ? De l'abîme de malheurs où vous a précipités votre crédule confiance en une fausse sagesse, mère du désordre et de la mort, vous adresserez-vous encore à vos folles idoles ? Ah ! elles ne vous protègeront plus. Le monde dégoûté ne vous dira plus : venez à moi. De vous, il n'en veut plus ; son amour prétendu s'est changé en une haine mortelle. Après une sanglante victoire remportée par Germanicus sur les Germains, quelques malheureux échappés à un premier carnage montèrent au sommet des arbres, cherchant dans leur feuillage un asile contre la fureur des Romains; « on se fit un jeu de les percer de flèches, dit, avec sang-froid, le grave historien Tacite : *admotis sagittariis per ludibrium figebantur*. (1) Voilà votre position vis-à-vis du monde. Il vous envie votre dernier refuge, le peu de vie qui vous reste ; il vous y attaque, et ne pouvant plus le faire directement, il vous calomnie et déchire votre réputation : « Ses dents, dit l'Écriture, sont comme des armes et des flèches; leur langue est un glaive affilé. » *Dentes eorum arma et sagittæ lingua eorum gladius acutus.* (Ps. 56. 5.) A qui irez-vous donc? Allez vous cacher dans le feuillage de l'arbre eucharistique et là, comme l'épouse du Cantique,

____

(1) Ann. liv. 2. ch. 16.

écriez-vous : Je me suis assis à l'ombre de celui que j'avais désiré et son fruit mystique est doux à ma bouche: « *Sub umbrâ illius quem desideraveram sedi et fructus ejus dulcis gutturi meo.* » (Cant. 2. 3, Entendez la voix de Jésus qui vous crie : Venez à moi, vous tous qui cherchiez le bonheur et ne l'avez pas trouvé, vous qui succombiez sous le poids de vos peines, de vos chagrins, et peut-être sous le fardeau de vos iniquités, créatures mourantes d'ennui et de dégoût, venez à moi; abandonnez ces prophètes menteurs qui vous promettaient la félicité et ne vous ont donné que le malheur. Venez, hâtez-vous, le temps presse: chaque jour votre vie va s'affaiblissant, la corruption s'empare de vous, le travail de la dissolution s'achève; bientôt vous ne serez plus qu'un cadavre; venez à moi et je vous créerai de nouveau, et je réparerai vos forces et je vous consolerai : *Venite ad me omnes qui laboratis et onerati estis et ego reficiam vos.*

DEUXIÈME MÉDITATION.

Prenez mon joug : il est doux.

Peut-être, ô hommes, vous vous êtes laissés toucher par la première invitation du Sauveur; mais la voie où il vous fera passer ne sera couverte que de ronces et d'épines. Détrompez-vous :

> Tout se change en délices
> Quand on veut le servir,
> Et dans les sacrifices
> On trouve un doux plaisir.

C'est lui-même qui nous l'assure : « prenez mon joug : il est doux, prenez mon fardeau : il est léger. » Pour porter un joug, il faut être deux; Jésus-Christ le portera avec vous, et soyez sûrs qu'il en portera la partie la plus lourde. Non, il n'est pas un maître sévère; il a connu la souffrance, il l'a endurée; il connaît aussi nos misères, il a parcouru

notre vallée de larmes et il a compté
chacun de nos pleurs. Son cœur a
saigné bien souvent à la vue des infortunes de notre pauvre humanité ; il s'y
est montré sensible. Rappelez-vous les
larmes qu'il répandit sur le tombeau
de Lazare. Ce n'était pas seulement sur
son ami qu'il pleurait, puisqu'il allait
dans un instant le rendre à la vie ;
mais il pleurait sur la triste condition
de notre existence, sur cette dure con-
conséquence du péché. Non, dit l'Écriture, ce n'est pas Dieu qui a fait la mort, et il
ne se réjouit point dans la perte des vivants, *Deus mortem non fecit, nec læ-
tatur in perditionem vivorum.* La mort,
c'est notre œuvre, et par le péché nous
l'opérons chaque jour en nous. Ne nous
en prenons donc pas à Dieu, quand la
mort nous enlève ceux que nous aimons, ne nous en prenons qu'à nous-
mêmes et écoutons cette parole pronon-
cée à l'oreille de Marthe sur les bords
du tombeau de Lazare : Votre frère res-
suscitera. Oui, cet ami, ce père, cette
mère, cet époux vous seront rendus,
Resurget frater tuus.

Vous le voyez, Jésus n'est pas un maître sévère. Il console, et il se contente de bien peu. « Prenez mon joug, dit-il ; il est doux et la preuve que je vous en donne est le sacrement auguste de mes autels. Personne n'a fait pour vous ce que j'ai fait moi-même. Je suis là, nuit et jour dans l'autel au milieu de vous. J'habite avec vous cette triste prison ; j'entends le bruit de vos chaînes, je les soulève, j'en allège le poids, je recueille et compte vos larmes : je ne vous demande pas beaucoup ; je ne veux qu'un peu d'amour et je suis prêt à me donner à vous, à entrer dans votre cœur par la sainte communion. Ce peu d'amour me le refuserez-vous ? Le refuserez-vous à celui qui vous a tant aimés ? Et pourtant, vous en avez de l'amour, quand il s'agit de la créature. Vous donnez votre cœur au premier être qui vous le demande et qui souvent en est indigne ; et vous n'avez point d'affection pour votre créateur ! Je vous ai laissé faire, vous m'avez délaissé à l'heure de votre jeunesse pour courir après la créature. Vous l'avez atteinte, vous en avez peut-être joui un instant, et maintenant vos liens se sont rompus. Que ferez-vous? Irez-vous recommencer votre supplice? N'avez-vous pas compris que rien ici-bas n'est digne de votre amour ; que votre cœur est trop grand pour être rempli par une créature ? Je me présente, je veux bien passer le dernier, me délaisserez-vous ? Vous avez senti le joug du monde ; il est rude, il est bien lourd. Le mien est doux, goûtez et voyez ; *gustate et videte quoniam suavis est Dominus.* »

TROISIÈME MÉDITATION.

Le dernier soir du Sauveur.

C'était le soir d'un jeudi, le dernier que l'Homme-Dieu devait passer sur notre terre; la veille du jour mémorable où une folie d'amour le fit mourir sur la Croix. Père tendre, il songe à faire son testament. Que léguera-t-il à ses enfants? Hélas! les oiseaux du ciel ont leurs nids, les renards ont tous des tanières et le Fils de l'homme n'a pas où reposer sa tête. Non, il n'a rien à nous donner s'il veut nous laisser des biens périssables; mais s'il veut nous traiter en Dieu, s'il veut, pour nous montrer sa tendresse aller jusqu'aux limites de sa puissance; s'il veut nous faire le plus auguste présent, il se possède lui-même, il n'a qu'à se livrer entièrement à nous. O Seigneur quelle prétention! Non, jamais une telle idée ne serait entrée dans l'esprit d'un mortel ; l'esprit d'un Dieu pouvait seul la concevoir. Le fera-t-il ? Se livrera-t-il tout entier à nous ?... Il l'a fait ; St.-Paul nous l'assure en disant : il m'a aimé et s'est livré pour moi : *dilexit me et tradidit semetipsum prome.*

Mais comment s'est-il livré à nous ? Il l'a fait par le moyen de l'auguste Sacrement de l'Eucharistie qu'il institua au dernier soir de sa vie. Oui, ce fut le soir, à la faveur des ténèbres. Quand il vint sur la terre ce fut dans le milieu de la nuit : « *Dum medium silentium tene-ret omnia.*» parcequ'étant la lumière véritable, il venait porter la splendeur à un peuple qui, après avoir marché longtemps dans l'obscurité, avait fini par s'accroupir, désespéré, au sein des ténèbres les plus noires. *Populus qui sedebat in tenebris vidit lucem magnam :* parce qu'étant l'orient, la candeur de l'éternelle lumière, il avait attendu que le monde eut fixé son habitation dans la région de l'ombre de la mort, pour se lever sur lui dans tout son éclat : *habitantibus in regione umbræ mortis lux orta est eis.* Mais quand il se laissa en présent aux hommes, ce fut sur le soir d'un beau jour. Ce jour, c'est sa vie ; ce sont les trente-trois années pendant lesquelles cet auguste mortel a foulé notre terre. Ce jour est celui dont il parlait lui-même aux Juifs : « Abraham votre père a désiré voir mon jour ; il l'a vu par la foi et il s'est réjoui. » O beau jour que celui-là ! Quelle apparition dans notre pauvre vallée de larmes ! Un Dieu avait passé sur la terre : un Dieu ! Aussi, quel changement ! que de lumières ! que de consolations ! que d'esprits éclairés, de cœurs soulagés, de malades guéris ! Cette journée, cette vie entière ne devait-elle pas se terminer par le plus grand miracle d'amour ? Oui c'est à la fin de sa vie que ce bon père teste en faveur de ses enfants. Il nous apprend par là que l'Eucharistie est le dernier mot de son amour, le terme de toutes ses merveilles et qu'après elle, il n'y a plus que le beau jour de l'éternité. *In finem dilexit eos.* L'amour aime les ténèbres ; la solitude lui plait et favorise ses plus tendres épanchements. Jésus-Christ se conduit en véritable amant de nos âmes; ce fut aussi vers le soir qu'il opéra la fraction du pain en faveur des deux pèlerins d'Emmaüs : Seigneur, disaient-ils, demeurez avec nous parce qu'il se fait tard et que le jour baisse : *Mane nobiscum Domine quoniam ad vesperascit et inclinata est jam dies.»* Nous lui ferons, il faut l'espérer, la même prière au déclin de notre existence. Ayant alors achevé notre course éphémère; ayant, sur le chemin, répandu bien des larmes et laissé bien des êtres chéris ; le cœur navré de tant de peines et d'angoisses ; étendus sur un lit de douleur, abandonnés ou trahis de tous ceux qui se disaient nos amis ; les yeux fatigués du passé et regardant l'avenir avec anxiété, nous nous préparerons à franchir le terrible passage jeté entre le temps et l'éternité. Alors celui qui n'abandonne personne, cet ancien ami de notre enfance ; celui qu'hélas nous avons depuis contristé bien des fois, celui qui seul nous donna des moments de vrai bonheur ; celui-là quittera sa demeure pour venir nous montrer qu'il nous a aimés et nous aime toujours. Il aura entendu ces paroles prononcées de notre lit de souffrance : « Seigneur demeurez avec moi ; car il se fait tard, et le jour baisse ; » et il demeurera avec vous. Comme un dernier rayon de lumière, comme un dernier souffle du zéphir anime le soir d'une belle journée d'été, la divine Eucharistie animera la fin de la vie du juste et servira de mystérieux portique au palais magnifique de l'éternelle félicité.

QUATRIÈME MÉDITATION.

Préparation du Cénacle.

« Jésus envoya Pierre et Jean, ses disciples, et leur dit : allez, et lorsque vous serez arrivés dans la ville, vous rencontrerez un homme portant une cruche d'eau. Suivez-le et lorsqu'il sera entré, dites au maître de la maison : Le maître vous fait dire : mon temps est proche ; où est la salle à manger pour que je puisse célébrer la Pâque avec mes disciples ? Là dessus, il vous montrera une grande salle bien dressée, préparez-la pour nous. Les disciples partirent, trouvèrent la chose comme il la leur avait dite et préparèrent l'Agneau pascal. »

Quelle merveilleuse simplicité dans ce récit ! Que de salutaires instructions ! A en juger par les préparatifs quelque chose de grand va se passer. Le Sauveur dans sa course mortelle avait déjà célébré plusieurs Pâques et il n'est pas dit qu'il les ait célébrées avec autant de solennité que la dernière! Ah! c'est que celle-ci devait être suivie de la réalité. Le souper légal devait être suivi de l'institution eucharistique. Le véritable Agneau pascal devait se donner lui-même en nourriture. Jésus-Christ veut nous apprendre quels honneurs mérite son corps sacré. Il envoie Saint-Pierre, le disciple de la foi, et Saint-Jean, l'apôtre de l'amour, pour nous faire comprendre que ce sont ces deux vertus qui doivent dresser la table eucharistique. Ces deux disciples demandent à leur maître : « Ou voulez-vous que nous la préparions? » Il y a donc des préférences dans le cœur de Jésus! Il y a donc des endroits où la Pâque lui est plus agréable! Il y a donc des âmes qu'il chérit davantage. Oui, n'en doutons pas.

Mais chez qui ira-t-il donc? « Quand vous entrerez dans la ville, un homme se présentera à vous portant une cruche d'eau. Remarquons d'abord le signe que le Sauveur donne à ses disciples; tant il est vrai que les actions les plus vulgaires sont dirigées par la Providence pour qui il n'est rien de petit. Samuel n'avait-il pas donné un signe semblable à Saül? « Lorsque vous serez sorti de là, dit le prophète, et qu'ayant passé outre vous serez arrivé au chène de Thabor, vous y trouverez trois hommes dont le dernier portera un vase rempli de vin. » Nous devons donc veiller sur nos actions même les plus communes, puisqu'elles peuvent remplir les desseins de la Providence.

CINQUIÈME MÉDITATION.

Préparation du Cénacle, (suite) — Le Porteur d'eau.

« Un homme se présentera à vous. » Le Sauveur, dit Saint-Ambroise, ne prononce pas le nom de cet homme pour nous faire comprendre que celui qu'il avait choisi ne se faisait pas remarquer par sa noblesse : *ideo sine nomine designatur ut ignobilis æstimetur*. Mais il nous donne un signe caractéristique et symbolique. Il semble dire : Quand vous entrerez dans la ville vous verrez des grands, des puissants de la terre, des hommes riches et nobles, ne vous arrêtez pas auprès d'eux ; ce n'est pas eux que j'ai choisis : *Non hos elegit Dominus*. Mais vous verrez un pauvre homme inconnu, obscur, c'est celui-là qui est mon élu. Ames orgueilleuses de vous-mêmes,

Jésus-Christ ne vous veut pas ; son festin n'est que pour les humbles. L'amphore de cet homme, dit Théophylacte, désigne l'humilité de cœur ; car Dieu donne sa grâce aux humbles, à ceux qui avouent n'être que poussière , comme était l'urne dont cet homme se servait. *Amphora est humilitas cordis : humilibus enim dat gratiam, qui se cognoscunt esse terram et pulverem.*

« Portant une cruche d'eau. » Voilà le signe qui fait distinguer cet homme. Oh ! s'écrie Saint-Ambroise, qu'il me soit donné à moi aussi de porter cette cruche d'eau, emblème de la perfection et d'une bonne mesure de sainteté : *Utinam ergo mihi contingat amphoram aquæ portare... quam portat pater familias.* Dieu ne veut pas nous voir venir à son banquet les mains vides. Il veut notre cœur plein d'amour ; il souffre tant de la part des créatures ; il soupire tant après le cœur des hommes ! Quand il entre dans notre âme par la sainte communion, la première parole qu'il nous adresse est celle-ci qu'il prononça sur la Croix : « J'ai soif ! *Silio !* » Heureux si, au lieu de raisonner comme la Samaritaine, au bord du puits de Jacob, nous pouvons répandre sur les lèvres brûlées de Jésus une eau rafraîchissante. Tant d'autres versent sur cette langue aride le fiel et le vinaigre ! O beau Jésus, au retour de vos courses après la brebis égarée qu'il me soit donné à moi aussi de pouvoir vous présenter dans mon amphore une eau limpide et fraîche ! *Utinam ergo mihi contingat amphoram aquæ portare !*

SIXIÈME MÉDITATION

Le Cénacle. (Suite.)

La Pâque est préparée là où l'on porte l'amphore pleine d'eau, parce que le temps est venu où les vrais fidèles doivent faire disparaître de la porte de leur maison le sang de l'agneau figuratif et le remplacer par le baptême de cette eau vivifiante qui a coulé sur la Croix, du cœur de Jésus.

« Mon temps est proche.» Jésus-Christ appelle le temps de sa passion et de sa mort *son temps*; parce que c'était proprement pour ce temps là qu'il était venu et qu'il avait paru dans le monde. C'était celui qu'il avait toujours regardé comme le temps de la consommation de sa grande charité. C'était véritablement à cette Pâque figurée par celle des Juifs, qu'il aspirait de tous ses désirs; à cette Pâque où l'Agneau sans tache, l'Agneau divin devait être immolé et où, en passant du temps à l'éternité il devait, par le mérite de sa mort sanglante, réunir le ciel avec la terre.

« Et il vous montrera une grande chambre ornée, et là apprêtez-nous la Pâque. « Les évangélistes, dit Bossuet, ne marquent point que ce fut son ordinaire d'en user ainsi aux autres Pâques, ni aussi qu'il eut accoutumé de choisir un lieu où il y eut une grande salle tapissée. Aussi les Saints Pères, ont ils remarqué que cet appareil regardait l'institution de l'Eucharistie. Jésus-Christ voulait nous faire voir avec quel soin il fallait que fussent décorés les lieux consacrés à la célébration de ce mystère. Il n'y a que dans cette circonstance où il semble n'avoir pas voulu paraître pauvre. Mais ce que les chrétiens doivent apprendre principalement, c'est à se préparer eux-mêmes à bien recevoir la Sainte-Eucharistie ; c'est-à-dire à lui préparer comme une grande salle, un cœur dilaté par l'amour de Dieu et capable des plus grandes choses ; avec tous les ornements de la grâce et des vertus, qui sont représentés par cette tapisserie dont la salle était parée. Préparons tout à Jésus qui vient à nous; que tout soit digne de le recevoir.»

O Seigneur Jésus, daignez vous même préparer mon cœur; arrachez de cette terre malheureuse ces mauvaises plantes qui la corrompent, faites-y germer les fleurs des plus belles et des plus suaves vertus.

Ainsi-soit-il.

SEPTIÈME MÉDITATION.

La Pâque — l'Agneau pascal.

« Les disciples préparèrent l'agneau pascal. » Qu'est-ce que cet agneau ? Qu'était-ce que la Pâque ? Ouvrons, lisons et commentons le douzième chapitre de l'Exode. « Le Seigneur dit aussi à Moïse et à Aaron en Égypte : Ce mois-ci sera pour vous le commencement des mois : ce sera le premier des mois de l'année. Parlez à toute l'assemblée des enfants d'Israël et dites-leur : Qu'au dixième jour de ce mois chacun prenne un agneau pour sa famille et pour sa maison. S'il n'y a pas dans la maison assez de personnes pour pouvoir manger l'agneau, il en prendra chez le voisin dont la maison tient à la sienne : autant qu'il en faut pour pouvoir manger l'agneau. Cet agneau sera sans tache, ce sera un mâle et il n'aura qu'un an. Vous garderez l'agneau jusqu'au quatorzième jour de ce mois. Les enfants d'Israël prendront de son sang et en mettront sur le haut des portes des maisons où ils le mangeront. Ils mangeront avec l'agneau des pains sans levain avec des laitues sauvages et amères. Vous ne mangerez point la chair de l'agneau crue ou cuite dans l'eau, mais rôtie au feu. Vous mangerez la tête de l'agneau avec les pieds et l'intérieur. Il ne demeurera rien de l'agneau jusqu'au matin : s'il en reste quelque chose vous le brûlerez au feu. Voici comment vous le mangerez. Vous ceindrez vos reins, vous aurez aux pieds des souliers et un bâton à la main; vous le mangerez à la hâte. »

L'Agneau pascal est une image de Jésus-Christ, les qualités qu'il doit avoir nous marquent celles du Sauveur. C'est, en effet, le fils de Dieu que Saint-Pierre appelle l'agneau sans tache et sans défaut, devant effacer les péchés du monde. L'agneau devait être un mâle parce que Jésus-Christ a été appelé l'agneau *Dominateur* de la terre, *la vertu du Père*, qui a paru un agneau à sa mort, et *un lion* à sa résurrection. L'agneau ne devait avoir qu'un an, parce que Jésus-Christ est mort dans sa jeunesse ; et il devait être immolé le soir, parce que le Sauveur s'est fait victime au dernier âge du monde et comme vers son couchant.

Ils prendront du sang de l'agneau et ils en mettront sur leurs portes. Il est visible, selon St-Jérôme, que les Israélites en marquant le haut et les deux côtés de leur porte du sang de l'agneau, en formaient ainsi une espèce de croix. C'est aussi une figure sensible de ce que Saint-Paul nous ordonne, lorsqu'il dit que toutes les fois que nous mangeons le corps et que nous buvons le sang du Sauveur, nous devons le faire dans le souvenir de la mort sanglante qu'il a soufferte pour nous sur la croix.

O beautés de notre sainte religion ! O merveilles cachées dans la loi figurative ! Ne nous lassons pas de les considérer.

HUITIÈME MÉDITATION.

Le sang de l'Agneau pascal.

Comme l'agneau n'était mangé qu'après avoir été égorgé, ainsi le Fils de Dieu n'est devenu la nourriture de nos âmes qu'après être mort pour nous d'une mort violente et cruelle. Avec quelle reconnaissance donc, et avec quelle humilité devrions-nous recevoir la chair adorable de cet agneau sans tache, puisqu'il s'est offert à son Père en sacrifice de douleur pour devenir le pain délicieux de nos âmes; et qu'il est vrai de dire que ce qu'il nous donne en son sacrement, par une bonté si gratuite, lui coûte la vie.

Le sang qui était mis au haut de la porte, nous marque, selon St-Augustin, que les peuples, devenus les membres de Jésus-Christ, porteraient sur leur front le signe de sa croix, comme le sceau de leur salut. Ce sceau et ce caractère des chrétiens n'est autre chose selon le grand martyr saint Ignace, que le sceau de l'humilité, qui ne rougit point de la croix de Jésus-Christ et qui distingue les vrais fidèles de ceux qui ne le sont pas. St-Grégoire Pape nous enseigne, que le sang de l'agneau qui se mettait au haut de la porte, peut marquer la pureté *de cet œil simple* qui n'a pour but que de plaire à Dieu, qui ne cherche que son royaume et sa justice, et qui, méprisant tout ce qui est sur la terre, ne désire que les biens du Ciel.

Ce sang nous représente, selon le même saint, que notre corps étant le temple du Saint-Esprit, comme dit St-Paul, dans lequel Jésus-Christ habite, et par son corps et par son esprit, nous devons lui rendre gloire sans cesse, et le porter en même temps au dedans et au dehors de nous, dans notre corps et dans notre esprit, puisque l'un et l'autre est à Dieu, comme dit Saint-Paul dans le texte grec.

O Sang précieux de mon divin Rédempteur, coulez sur mon âme et sur mon corps : puisse la colère du Seigneur s'arrêter en vous voyant ! Oui, Père éternel, vous aurez pitié d'une pauvre créature toute couverte et empourprée du sang de votre fils; vous n'oserez pas la frapper de vos foudres et vous respecterez son vêtement de salut. L'ange exterminateur respectera la porte de la maison de votre enfant et la mort ne viendra pas troubler la paix de sa demeure. Je m'approcherai de votre saint autel; je prendrai entre mes mains le calice du salut et j'invoquerai le nom du Seigneur. Je l'invoquerai en le louant et je ne craindrai plus rien du côté de mes ennemis. *Laudans invocabo Dominum et ab inimicis meis salvus ero.*

NEUVIÈME MÉDITATION

Manducation de l'Agneau.

« Ils mangeront, avec l'Agneau, des pains sans levain. » Le Saint-Esprit, explique lui-même ces paroles par St - Paul lorsqu'il dit : Jésus-Christ, a été immolé, lui qui est notre véritable Agneau pascal. C'est pourquoi faisons un festin, non dans le vieux levain, ni dans le levain de corruption et de malice, mais avec les pains sans levain, c'est-à-dire dans la sincérité et la vérité.

L'église consacre encore avec du pain sans levain afin que l'extérieur même des espèces du sacrement nous apprenne avec quelle pureté et quelle simplicité de cœur nous devons nous en approcher. Ce serait un attentat de violer son ordre, et de mettre du levain dans le pain avec lequel on consacre. Et cependant puisque c'est notre cœur

que Dieu demande et que ce cœur doit
être exempt du levain de toute corruption et de toute malice, selon St.-Paul,
d'où vient qu'étant si religieux obser-
vateurs du signe, nous détruisons si
hardiment la chose qu'il nous représente et qu'en révérant la figure, nous
déshonorons la vérité ?

L'Ecriture ajoute qu'il faut manger
ce pain avec des laitues sauvages et
amères, dit St.-Grégoire, afin que l'a-
mertume de la pénitence détruise la
malignité des humeurs qui peuvent
causer le dérèglement de la vie. Ainsi
ce pain céleste est un pain de joie pour
les innocents et un pain de larmes pour
les pénitents. Il est la nourriture des
premiers et le remède des seconds.
Allez donc à la table sainte, âmes in-
nocentes; pour vous, le pain eucharistique est un pain d'allégresse; allez,
amis du Sauveur, mangez, buvez, enivrez-vous à son banquet délicieux.
Mais ne nous faites pas un reproche de
nos larmes, à nous, pauvres pécheurs,
qui, peut-être, moins privilégiés que
vous, avons eu à purifier plusieurs

fois la robe de notre innocence, pour en faire la robe nuptiale. Laissez-nous les amertumes de la Pâque ; c'est dans la souffrance que nous devons maintenant trouver notre joie. La main du Seigneur s'est appesantie sur nous; elle nous a frappés de bonne heure, mais ses châtiments ne nous ont pas conduits à la mort : *Castigans, castigavit me Dominus et morti non tradidit me.* Enfants ingrats que nous avons été, il nous admet encore à sa table, ne nous en éloignez pas, vous qui fûtes toujours purs et toujours heureux. O bon Dieu ! père des pères, amour des amours, vous êtes moins exigeant que les hommes; voilà mon âme, prenez-là; pansez ses plaies ô charitable médecin ; changez en amertume toutes les consolations terrestres : « *verte mihi in amaritudinem omnes consolationes carnales,* » frappez-moi en ce monde, brûlez, coupez, pourvu que vous me receviez toujours à votre table-sainte et que vous m'épargniez dans l'éternité, je suis content. *Hic ure, hic seca, modo in æternum parcas.*

DIXIÈME MÉDITATION.

Manducation de l'Agneau. (suite.)

« Vous ne mangerez point la chair de l'agneau crue, ou cuite dans l'eau, mais rôtie au feu. » Manger l'agneau cru, c'est ne point discerner cette viande céleste et divine d'une viande ordinaire; c'est confondre le pain des Anges avec le pain de la terre; c'est s'en approcher sans le respect et le saint tremblement qui est dû à cette hostie que les Pères grecs appellent *terrible*, et user de ses sens au lieu d'user de sa foi pour participer à un sacrement nommé par Jésus-Christ, lui-même *le mystère de la foi par excellnce.*

Dieu ne veut point aussi que l'on mange l'agneau avec l'eau. L'eau, dit St-Grégoire, marque une science toute humaine. *Quid aqua nisi humanam scientiam designat?* Manger l'agneau cuit dans l'eau, c'est régler ses communions par une science humaine et non divine qui n'est point appuyée sur l'Écriture sainte, sur la doctrine des Pères, l'esprit et la tradition de l'Église. Hélas, mon Dieu! que de fidèles communient au moins inutilement pour ne pas régler convenablement leurs communions. Que de gens qui communient par mode, disons le mot! Loin de nous certainement de vouloir éloigner les âmes pieuses de la table sainte; nous voudrions au contraire voir revivre cet heureux temps où chaque fidèle communiait, et où celui qui ne le pouvait faire en devait donner la raison. Ah! c'est à ce sujet que nous nous écrierions volontiers avec Salvien, prêtre de Marseille : « Qui me donnera de voir l'Église de mon Dieu telle qu'elle était aux jours anciens! » Mais, n'est-il pas vrai que, s'il est des âmes qu'il faudrait forcer d'entrer au banquet du père de famille, il en est d'autres qu'il faudrait éloigner en leur disant comme le Sauveur à la Cananéenne : « il n'est pas bon de prendre le pain des enfants et de le jeter aux chiens » ou bien ces autres paroles : « Mon ami je ne vous fais point injure *non facio tibi injuriam* ; n'êtes vous pas convenu d'un denier avec moi? prenez donc ce qui vous revient; payez-vous selon votre travail; communiez selon votre préparation. Je vous demande des vertus et vous m'en donnez si peu ! . . *amice non facio tibi injuriam*. Allons donc ! ne mêlons point d'eau, dit St-Grégoire ; c'est-à-dire ne mêlons rien d'humain dans la doctrine de la foi. *Nihil aquosum fidei doctrina habeat.*

L'agneau doit se manger rôti au feu. On le mange ainsi, lorsque s'approchant de ce divin sacrement, représentation continuelle de la passion de Jésus-Christ, on l'y adore comme s'immolant encore sur l'autel pour chaque âme qui le reçoit dignement, ainsi qu'il s'immola sur l'autel de la croix pour tout le monde, s'offrant à son Père comme un holocauste consumé par le feu de son amour, comme le chante l'Église : *Cujus corpus sanctissimum in arâ crucis torridum.*

O Jésus qui vous êtes livré pour moi ! Vous qui brûlez du feu de votre charité, faites que je m'approche de vous avec quelque étincelle de ce même amour. Faites-moi la même grâce qu'aux disciples d'Emmaüs. Disposez-moi à la réception de votre corps sacré en remplissant mon esprit et mon cœur des paroles divines des Prophètes. Expliquez-les moi vous-même ; expliquez-les à tous les fidèles et nous nous écrierons ensemble avec les heureux voyageurs d'Emmaüs ; « N'est-il pas vrai que notre cœur était tout brûlant dans nous, lorsqu'il nous parlait durant le chemin et nous expliquait les Écritures ? »

ONZIÈME MÉDITATION.

Manducation de l'Agneau. (suite.)

« Vous mangerez la tête de l'agneau avec les pieds et les intestins. » La tête de l'agneau, dit St.-Grégoire pape, c'est Jésus-Christ considéré comme Dieu, comme époux et chef de l'Église. Les pieds de l'agneau, c'est l'anéantissement prodigieux de son humanité sainte, la pauvreté, le mépris, les insultes, les contradictions qu'il a souffertes. Il ne suffit pas d'adorer en communiant Jésus-Christ comme Dieu; mais il faut révérer aussi ses humiliations et surtout cette vie cachée de l'eucharistie pendant laquelle il continue à s'anéantir en souffrant des indignités incompréhensibles par la profanation que les mauvais chrétiens font de ce mystère. Ce n'est pas encore assez, selon ce saint Pape, de révérer ces humiliations; il faut tâcher d'imiter autant qu'on en est capable celui qui s'abaisse si profondément pour notre salut : *Pedes vorare est vestigia humanitatis Christi amando et imitando perquirere.*

Cette explication renferme encore un autre sens. Car les pieds de l'agneau peuvent fort bien marquer les membres faibles et imparfaits du corps de Jésus-Christ dont saint Paul a dit : « Ainsi péchant contre vos frères et blessant leur conscience qui est faible, vous péchez contre Jésus-Christ.

Il ne suffit donc pas pour communier saintement et utilement de manger *la tête de l'agneau*, c'est-à-dire d'adorer Jésus-Christ dans ses qualités divines. Il ne suffit pas non plus de le révérer dans ceux qui sont comme les membres les plus nobles de son corps, parce que leur propre mérite leur attire souvent notre amitié, aussi bien que notre estime et notre respect ; mais il faut tâcher d'en aimer encore *les pieds*, c'est-à-dire, de supporter avec une charité sincère ceux qui sont les membres les plus faibles de son corps.

Aussi l'Ecriture, après avoir dit que l'on mangera la tête et les pieds de l'agneau, ajoute aussitôt que l'on en mangera aussi l'intérieur, c'est-à-dire les entrailles. Saint Paul dit au chrétiens : Je vous souhaite tous dans les entrailles de Jésus-Christ.» Il veut que les chrétiens n'aient pas seulement une liaison extérieure et superficielle avec Jésus-Christ, mais qu'ils soient à lui intérieurerement et sincèrement, afin qu'ils soient du nombre de ses membres vivants et intérieurs, qu'ils entrent dans son Esprit, qu'ils se nourissent de sa vérité et surtout qu'ils s'anéantissent à son invitation, afin qu'ils puissent devenir le *cœur* de Jésus-Christ en devenant *humbles de cœur* comme Jésus-Christ; *Humilis corde, cor Christi est*, dit St.-Paulin. Ces personnes témoigneront leurs forces, selon St-Grégoire pape, par la manière dont elles vivront avec les faibles. Et l'on reconnaîtra aisément que Dieu les considère comme parfaites par la bonté, la douceur, l'égalité et même la joie avec la laquelle elles souffriront les plus imparfaits. Mon Dieu, vous qui ne rebutez personne, donnez-moi un peu plus de condescendance pour mon prochain !

DOUZIÈME MÉDITATION.

Manducation de l'agneau. (suite)

« Il ne demeurera rien de l'agneau jusqu'au matin : s'il en reste quelque chose, vous le brûlerez au feu. » Après que l'Écriture a dit qu'il ne faut pas seulement manger la tête de l'agneau, en révérant Jésus-Christ en lui-même et dans les plus nobles de ses membres, mais qu'il faut encore en manger les pieds, c'est-à-dire, vivre bien avec ceux qui ne laissent pas d'être ses membres, quoique faibles et imparfaits, elle ajoute aussitôt : « Il ne demeurera rien de l'agneau jusqu'au matin. » S'il nous a paru en celui que Dieu a rendu comme nous, une partie de l'agneau et du corps de J.-C. quelque chose de pénible et capable d'altérer notre amitié, il faut étouffer aussitôt ce sentiment, et le soleil ne doit pas se coucher sur notre colère. Il faut brûler et consumer dans le feu de la charité ces petites pailles qui nous offusquent dans le prochain ; car l'Eucharistie est, selon St-Augustin, le signe de l'unité, le lien et le sceau de la charité. *Vinculum unitatis.*

« Vous ceindrez vos reins. » Selon les saints Pères, *ceindre* ses reins, nous marque la pureté extérieure et la chasteté du corps. Saint Pierre nous fait voir qu'il y a encore une autre pureté toute intérieure et toute spirituelle lorsqu'il dit : « Ceignez les reins de votre âme et vivez dans une continuelle vigilance attendant avec une espérance parfaite la grâce de J.-C. »

« Vous aurez un bâton à la main. » St-Augustin dit que le bâton que David avait à la main lorsqu'il marcha contre Goliath, nous marque la croix de J.-C. Il faut porter à la sainte communion une vive impression de la croix de Jésus dont l'Eucharistie est une représentation vivante et perpétuelle.

Le bâton est nécessaire aux voyageurs soit pour les soulager en marchant soit pour les défendre. Que la croix de J.-C. soit donc notre appui et notre défense.

Il faut manger l'agneau à la hâte parce que c'est la Pâque, c'est-à-dire le passage du Seigneur. » Rapprochons ces paroles de celles de Saint-Jean : « Avant la fête de Pâque, Jésus sachant que son heure était venue de passer de ce monde à son Père. » La vie est un passage : nous venons de Dieu ; nous allons à Dieu. C'est donc une excellente disposition pour communier saintement, que de nous considérer ainsi que Jésus-Christ fit alors, comme ne faisant que passer de la terre au Ciel, et des hommes à Dieu qui est notre Père. « Je sais d'où je viens et où je vais » devons-nous dire comme le Sauveur. Et alors on dira de nous comme de lui : « il a passé en faisant le bien.

TREIZIÈME MÉDITATION.

Le Passage.

« Nous devons manger l'agneau à la hâte.» St.-Pierre nous dit, que nous devons en cette vie non-seulement attendre, aimer et désirer l'avènement de Jésus-Christ, mais encore le hâter en quelque sorte par l'ardeur de nos désirs, ainsi qu'il le témoigne par ces excellentes paroles : « Or comme un larron vient durant la nuit, aussi le jour du Seigneur viendra tout d'un coup. Et alors dans le bruit d'une effrayante tempête, les cieux passeront, les éléments embrasés se dissoudront et la terre avec tout ce qu'elle contient sera embrasée par le feu. Puis donc que toutes ces choses doivent périr, quels devez-vous être et quelle doit être la sainteté de votre vie, et la piété de vos actions, dans l'attente continuelle et dans le désir ardent de l'avènement du Seigneur jour auquel l'ardeur du feu dissoudra les cieux et fera fondra tous les éléments.»

Écrions-nous donc ici avec Bossuet: « O Jésus! je me présente à vous, pour faire ma pâque en votre compagnie: je veux passer avec vous du monde à votre Père, que vous avez voulu être le mien. *Le monde passe,* dit votre apôtre : la figure de ce monde passe; mais je ne veux point passer avec le monde, je veux passer à votre Père. C'est le voyage que j'ai à faire, je le veux faire avec vous...

D'où me vient ce regret de passer? Quoi! je suis encore attaché à cette vie? Quelle erreur me retient dans ce lieu d'exil? Vous allez passer, mon Sauveur! et, résolu que j'étais de passer avec vous, quand on me dit que c'est tout de bon qu'il faut passer, je me trouble, je ne puis supporter ni entendre cette parole. Lâche voyageur! que crains-tu? Le passage que tu vas faire, est celui que le Sauveur va faire aussi dans notre évangile : craindra-tu de passer avec lui... Qu'y

a-t-il de si aimable dans ce monde
que tu ne veuilles point le quitter avec
le Sauveur Jésus? Le quitterait-il, s'il
était bon d'y demeurer? Mais écoute,
chrétien : *Jésus passe de ce monde pour
aller à son père.* S'il fallait seulement
sortir du monde, sans aller à quelque
chose de mieux ; quoique ce monde,
soit peu de chose, et qu'on ne perdit
pas beaucoup en le perdant, on pourrait y avoir regret, parce qu'enfin on
n'aurait rien de meilleur. Mais, chrétien, qui dois aller avec lui, tu passes
à un père ; le lieu d'où tu sors est un
exil ; tu retournes à la maison pater-
nelle.

Passons donc de ce monde avec
joie ; mais n'attendons pas le dernier
moment, pour commencer notre passage. Lorsque les Israélites sortirent
d'Égypte, ils ne devaient pas arriver
d'abord à la terre promise : ils avaient
quarante ans à voyager dans le désert ;
ils célébraient néanmoins leur pâque,
parcequ'ils sortaient de l'Égypte et
qu'ils allaient commencer leur voyage.
Apprenons à célébrer notre pâque

dès le premier pas : que notre passage soit perpétuel : ne nous arrêtons jamais ; ne demeurons point, mais campons partout à l'exemple des Israélites : que tout nous soit un désert, ainsi qu'à eux ; soyons comme eux toujours sous des tentes ; notre maison est ailleurs : marchons, marchons, marchons ; passons avec Jésus-Christ : mourons au monde, mourons y tous les jours : disons avec l'apôtre : *je meurs tous les jours* : je ne suis pas de ce monde ; je passe, je ne tiens à rien. »

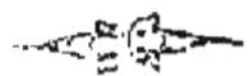

QUATORZIÈME MÉDITATION.

Institution de l'Eucharistie.

Dieu n'a jamais commencé à aimer l'homme; mais il l'a aimé et l'aimera toujours d'un amour éternel : « *In charitate perpetuâ dilexi te.* Quand pour la première fois, il voulut manifester cet amour, il jeta une parole au néant et de cette parole sortit le monde. Il convia au banquet de l'existence une foule d'êtres qui vinrent boire avec bonheur à la coupe de la vie. Bientôt un d'entr'eux, le plus beau, le plus noble de tous, pèche et attire sa colère. Aussitôt pour reconquérir son cœur, le fils de Dieu traverse sur les ailes de l'amour les collines éternelles et passe comme d'un seul bond du ciel à la crèche, de la crèche à la croix où il versa jusqu'à la dernière goutte de son sang. Cela ne suffisait pas. Tant que Dieu n'avait pas trouvé le moyen de rester avec l'homme jusqu'à la consommation des siècles ; tant qu'il n'était pas arrivé à ce dernier degré de l'amour qui est d'unir l'objet aimé à la personne aimante, il n'était pas content ; son cœur n'était pas satisfait. La réalisation parfaite de cet acte était difficile, il est vrai ; mais enfin l'amour est puissant comme la mort ; il ne connaît point de mesure, il a quelquefois de sublimes folies ; et Dieu est parvenu à demeurer avec l'homme, à s'unir à lui, à se l'incorporer par un mode ineffable auquel notre pauvre langue humaine n'a pu donner, comme à tout ce qui tient à l'amour, que le nom de mystère ; mystère de l'Eucharistie, mystère de la communion.

Nous avons vu dans l'agneau pascal la figure, voyons maintenant la réalité dans l'institution de cet auguste sacrement.

Jésus allait mourir. Sur le point de laisser les siens qui étaient dans le monde et qu'il avait toujours aimés, il les aima jusqu'au dernier moment, et pour leur prouver cet amour, il alla

jusqu'au terme , jusqu'aux derniè-
res limites de sa puissance : *In finem
dilexit eos*. Il les réunit donc autour de
lui, les fit asseoir à sa table et, après
avoir mangé l'agneau pascal, il prit du
pain, le bénit, rendit grâces, le rom-
pit et le leur donna en disant : « Prenez et mangez ; ceci est mon corps ,
faites ceci en mémoire de moi. » Prenant ensuite la coupe, contenant le vin,
il rendit grâces et la présenta à ses
disciples en leur disant : « Buvez-en
tous, c'est mon sang, le sang de la
nouvelle alliance qui est répandu pour
plusieurs en rémission de leurs péchés;
toutes les fois que vous le boirez, faites-le en mémoire de moi. » Il nous
semble qu'après ces paroles et cet acte
prodigieux, il dut se passer dans le
Ciel quelque chose d'inénarrable, pareil
à ce que nous lisons dans l'Apocalypse.
Ah ! vraiment, un ciel nouveau et une
terre nouvelle étaient apparus; la sainte
cité, la Jérusalem d'En-Haut était des-
cendue, parée de toute sa beauté et de
tous ses charmes pour ravir les cœurs.
Une voix dut sortir du trône : « Voici

le tabernacle de Dieu avec les hommes ; il habitera avec eux ; ils seront son peuple et il sera leur Dieu ; il essuyera leurs larmes, chassera la mort, calmera leurs douleurs, fera cesser leurs cris et leurs plaintes. La milice des esprits bienheureux dut chanter sur les harpes d'or : « Seigneur vous avez nourri votre peuple de la nourriture des Anges ; vous leur avez donné sans travail le pain du Ciel, plein de délices et d'un goût de suavité. » Celui qui était assis sur le trône dut s'écrier : « Voici que je fais toutes choses nouvelles : *Ecce nova facio omnia!* » Et, en effet, tout était nouveau ; la figure avait fait place à la réalité ; la loi ancienne à la loi nouvelle. Père éternel, réjouissez-vous ; dès ce moment une victime pure, seule capable de vous plaire, va être offerte en tous lieux à votre nom. Voici un sacrifice nouveau : le prêtre, la victime et l'autel tout sera digne de vous. Hommes, réjouissez-vous ; votre corps, votre sang vont être renouvelés par la chair et le sang d'un Dieu. Terre, réjouis-toi ; tout ce que tu possèdes dans ton sein va être régénéré. Les cèdres du Liban tomberont ; les arbres les plus magnifiques descendront des montagnes pour orner le tabernacle du Dieu de Jacob : « *Gloria Libani ad te veniet ; abies et buxus et pinus simul ad ornandum locum sanctificationis meæ.* » Le pain, le vin, l'or, l'argent, le marbre, la pierre, la cire, les fleurs, tout enfin sera employé pour l'Eucharistie : *Ecce nova facio omnia.* »

Remercions Dieu d'avoir institué cet auguste sacrement, et promettons-lui de l'estimer dorénavant plus que nous ne l'avons fait, peut-être, jusqu'à ce jour.

QUINZIÈME MÉDITATION.

L'Eucharistie.

L'Eucharistie contient réellement et substantiellement le corps, le sang, l'âme et la divinité de Notre-Seigneur Jésus-Christ, sous les espèces ou apparences du pain et du vin. Il y a donc dans l'eucharistie, la chair et le sang de Jésus-Christ, chair qu'il faut manger, sang qu'il faut boire sous les espèces qui tombent sous nos sens. De là, jugeons de la dignité de ce sacrement. Le corps et le sang du Sauveur : quoi de plus beau ! de plus saint et de plus salutaire ! Le corps de Jésus-Christ, ce même corps formé miraculeusement dans le sein immaculé de Marie ; ce corps que les anges, les bergers et les rois ont adoré à sa naissance ; ce corps qui a passé en faisant le bien et d'où sortait une vertu qui guérissait tous les malades ; ce corps qui a souffert pour

l'homme les tourments les plus atro-
ces ; qui est ressuscité glorieux et tri-
omphant et qui, sans cesser d'habiter
nos temples, siége dans toute sa splendeur auprès de l'Éternel.

Le sang de Jésus-Christ se trouve
aussi dans l'adorable Sacrement. Le
sang de Jésus-Christ ! tiré du plus pur
sang de Marie et dont les prémices
furent offertes à Dieu le Père dès qu'il
commença à couler dans les veines de
son fils ; tant le Sauveur brûlait de
le répandre et d'être baptisé de son
véritable baptême ! Le sang de Jésus-
Christ ! celui qui s'échappa de ses po-
res sacrées au moment de son agonie;
qui, sous les coups inhumains de la
flagellation, jaillit si abondamment qu'il
rendit le vêtement de la chair virginale
du Sauveur, rouge comme l'habit de
ceux qui foulent le vin dans le pressoir : *Rubrum est vestimentum tuum
sicut calcantium in torculari;* ce sang
enfin qui coula jusqu'à la dernière
goutte sur l'arbre de la Croix et qui,
bain salutaire, lava nos âmes de leurs
iniquités.

Ce corps et ce sang sont contenus dans l'Eucharistie réellement et non pas en figure; car que serait alors le don de Dieu? Ce sacrement serait-il un si grand prodige d'amour? Mais, Jésus-Christ l'a dit: « Ceci est mon corps : ceci est mon sang, et pour nous, chrétiens, il n'en faut pas davantage! Nous connaissons la puissance de ses paroles. « Levez-vous et marchez » dit-il au paralytique et celui-ci se lève et marche; « Femme vous êtes guérie dit-il à l'hémorrhoïsse et elle est guérie à l'instant. « Ceci est mon corps, » c'est donc son corps; « ceci est mon sang, » c'est donc son sang. Nous savons aussi que Jésus est Dieu et qu'il ne ment pas, et nous disons avec St.-Thomas d'Aquin: « Je crois tout ce qu'a dit le fils de Dieu, » et si nous ne le comprenons pas nous ajoutons avec l'ange de l'école: « que la foi supplée au défaut de nos sens. »

Voici un fait, raconté par St.-Thomas d'Aquin lui-même et qui est bien capable de fortifier notre foi : Un prêtre nommé Egidius, d'une piété ex-

quise et d'une sainte vie, demanda à
Dieu par d'ardentes prières de lui découvrir la nature même du corps et
du sang du Sauveur. Un jour donc
au Saint-Sacrifice, tombant à genoux
après *l'Agnus Dei* : «Dieu tout-puissant,
dit-il, créateur et conservateur rédempteur du monde, découvrez-moi sous ce
mystère de chétive apparence la nature
même du corps de Jésus-Christ. Qu'il
me soit permis de contempler sous la
forme d'un enfant, celui que Marie
Immaculée porta dans son sein.» Et
voilà qu'un ange venant du ciel lui dit :
« Levez-vous vite si vous voulez voir
Jésus-Christ. Il est là présent, revêtu
d'une forme corporelle et de la poupre
sacrée. Le prêtre saisi de crainte se
leva et vit, assis sur l'autel, un enfant
qui lui souriait gracieusement. « Puisque vous avez désiré, ajoute l'ange, voir
Jésus-Christ que vous venez de consa-
crer, regardez-le maintenant de vos
yeux, touchez-le de vos mains.» Alors,
ô faveur ineffable ! le prêtre rassuré
prit l'enfant dans ses mains tremblan-
tes, serra contre son cœur le cœur de

Jésus. Baigné de larmes, il prodigua de doux baisers à son Dieu et pressa sur ses lèvres sacerdotales les lèvres purpurines de l'Enfant-Dieu. Il le remit ensuite avec respect sur l'autel et, prosterné de nouveau contre terre, il conjura le Seigneur de vouloir reprendre sa première apparence. En se relevant il trouva que le corps de Jésus-Christ avait repris sa forme première et il communia sous l'espèce ordinaire.

St.-Louis, roi de France, invité à venir voir un spectacle à peu-près semblable, refusa d'y aller, en disant que la foi l'en rendait plus certain que s'il le voyait de ses propres yeux. Que telles soient nos dispositions !

SEIZIÈME MÉDITATION.

L'Eucharistie. (suite.)

Le corps et le sang réellement et substantiellement contenus dans l'Eucharistie sont animés par l'âme de Jésus-Christ ; âme la plus belle, la plus sainte, la plus soumise à la volonté de Dieu qui fut jamais, âme la plus pure, la plus innocente, âme de celui qui est la candeur de la lumière éternelle, le miroir sans tache de la majesté divine. C'est cette âme que le bon Pasteur donne pour ses brebis ; cette âme qui a été triste jusqu'à la mort, cette âme enfin qui s'est écriée sur l'arbre de la croix : « Mon Dieu, mon Dieu pourquoi m'avez-vous abandonné ! » L'éclat déjà si beau de cet âme est rehaussé par l'éclat plus magnifique encore de la Divinité. Ici, il faut garder le silence et admirer ! Un Dieu se réduire en cet état ! Un Dieu, c'est-à-dire, l'immense, l'infini, la beauté même, se restreindre, se limiter, se mettre sous les formes les plus communes et cela par amour pour l'homme, pour une chétive créature dont il est épris. Oh! que c'est bien le cas de s'écrier ici avec le grand évêque d'Hippone : « O Seigneur! si j'étais Dieu et si vous étiez Augustin; je voudrais devenir Augustin pour vous faire Dieu!»

Mais, ô majesté divine! que n'apparaissez-vous au moins dans toute votre beauté, toute votre splendeur! Pourquoi cacher ainsi vos rayons, soleil de justice, d'amour et de vérité? Ah! je le comprends : si Dieu nous apparaissait comme à Moïse sur le Sinaï, comme à Pierre, Jacques et Jean sur le Thabor, nous n'oserions nous approcher de lui; nos yeux trop faibles ne pourraient soutenir la moindre parcelle de son éclat; voilà pourquoi il s'est caché sous les espèces ou apparences du pain et du vin.

Oui, ce ne sont plus que les apparences. Par la vertu des paroles de la consécration, le pain et le vin sont changés au corps et au sang du Sauveur par un véritable miracle dont nous n'aurons la raison qu'au Ciel ; et il ne reste plus de ce pain et de ce vin que les apparences, c'est-à-dire, ce qu'il faut pour nous faire souvenir qu'il y en a eu. C'est ce que nous appelons la Transubstantiation ou le passage d'une substance en une autre, passage que l'homme ne peut s'expliquer que difficilement, mais que Dieu peut bien faire, lui qui a fait le monde de la nature et lui a donné ses lois. Ainsi donc ne cherchons pas à pénétrer ce mystère ; car, il faut l'avouer, les diverses explications qu'on en donne ne font que reculer la difficulté sans l'expliquer. Dieu a voulu exercer notre foi et réprimer l'orgueil de notre raison qui, dans les choses divines est plus faible que l'intelligence d'un enfant et ne peut pas plus fixer les rayons de l'éternelle vérité que l'oiseau des ténèbres ne peut supporter les splendeurs de l'astre du jour.

O mon Dieu ; je crois toutes les merveilles de votre amour ; j'humilie ma faible raison devant la grandeur de votre puissance, et je vous prie, comme les apôtres, de vouloir bien augmenter ma foi.

DIX-SEPTIÈME MÉDITATION.

Le Pain et le Vin.

A cause de notre faiblesse Dieu s'est donc caché sous les espèces du pain et du vin. Le pain et le vin qui nous apprennent aussi que le corps de Jésus est vraiment une nourriture et son sang un véritable breuvage ; le pain et le vin qui ne dégoutent personne , accessibles à tous les moyens, à toutes les ressources, que les pauvres peuvent manger *edent pauperes*, non pas une fois, mais à satiété *et saturabuntur*. Le pain et le vin qui, dans leur prépation, sont bien l'image de celui qui s'est comparé au grain de froment, de celui qui est la vigne véritable , qui a passé sous le pressoir de la tribulation; de celui qui, époux bien-aimé de l'âme fidèle est semblable à une grappe de raisin cueillie dans les vignes d'Engaddi : *Botrus Cypri, dilectus meus*.

in vineis Engaddi. Le pain et le vin qui, le premier, formé de plusieurs grains de froment et le second, produit de plusieurs grains de raisin, nous apprennent la charité qui doit nous unir avec tous nos frères et nous réunir en Jésus-Christ. Le pain et le vin qui aussi nous représentent l'Église composée de plusieurs membres tirés de la masse commune pour être comme changés en son corps naturel et en son sang véritable. Le pain qui par sa blancheur nous représente la pureté, et le vin qui par sa couleur nous indique la charité de notre bien-aimé Jésus et celle qui doit nous animer. A cette dernière substance, c'est-à-dire à la substance du vin s'en mêle une autre, celle de l'eau que le prêtre verse à la messe dans le calice et cela a encore une signification. Cette eau mêlée au vin représente celle, qui, mêlée à du sang, s'échappa du côté percé du Sauveur; elle est aussi une image de ce mélange adorable de Dieu et de l'homme qui s'est fait dans l'Incarnation, de l'union de l'homme avec Jésus-Christ, qui se fait dans la communion et de la consommation de l'homme en Dieu qui se fera par la gloire. O froment des élus! ô Pain de vie ! ô vin qui produis les vierges! ô goutte d'eau mystérieuse, je vous respecte, je vous honore ! Que je voudrais être à votre place pour m'anéantir et me perdre en Dieu. Je ne m'étonne plus que des saints et des saintes aient eu tant de vénération pour tout ce qui approche de ce sacrement; que le bienheureux Maurice dominicain alla mendier de porte en porte, avec une dévotion admirable l'huile pour la lampe du sanctuaire; que la bienheureuse Victoire fondatrice des Célestes prit tant de soin pour filer la toile destinée aux corporaux ; que la bienheureuse Cécile, du Tiers-Ordre des Minimes, triomphât de joie de blanchir les linges qui servaient à l'Église; enfin qu'un Monsieur Olier, ce digne fondateur de St-Sulpice, eût tant de zèle pour les temples, les autels, les ornements, les vases sacrés, et qu'il enviât le sort de la faible lampe qui se consume en présence du Dieu d'amour.

Ayons quelque chose de la dévotion de ces grands personnages ; aimons avec passion la sainte Eucharistie et tout ce qui y a rapport, et un jour Dieu ne manquera pas de nous en récompenser.

DIX-HUITIÈME MÉDITATION.

Effets de l'Eucharistie.

Les effets de ce sacrement sont innombrables ; arrêtons-nous à deux principaux auxquels reviennent tous les autres.

« Celui qui mange ma chair et boit mon sang, dit le Sauveur, a la vie éternelle et je le ressusciterai au dernier jour. » Il y a dans l'homme deux vies : celle du corps et celle de l'âme ; l'Eucharistie, sacrement parfait, pain de vie, gage de vie, contenant Jésus qui est la vie doit donc aider l'une et l'autre. Nous disons aider et non pas produire ; car les sacrements sont si admirablement liés entr'eux, que l'un n'usurpe jamais les droits de l'autre, et que l'effet spécial de celui-ci n'est pas l'effet propre de celui-là. Tous, il est vrai, ont pour but la vie spirituelle de l'homme, mais de diverses manières.

Pour comprendre cette théorie et voir le rôle que joue l'Eucharistie dans l'économie des sacrements, il est bon de considérer que ce qui se passe dans la vie de l'âme est conforme à ce qui arrive dans celle du corps ; car, dit St-Paul, les choses matérielles et visibles sont une image des immatérielles et des invisibles. Dans la vie corporelle nous remarquons deux actes principaux : la génération par laquelle l'être reçoit la vie, et l'accroissement par lequel il arrive à sa perfection. Cela se voit dans tous les êtres. L'oiseau reçoit la vie au fond de ce nid de mousse, bâti si habilement par la tendresse maternelle. Peu-à-peu il se développe, ses ailes se forment, et par cet accroissement successif de son être, il tend à la perfection de sa vie ; aussi le verrez-vous bientôt laisser son habitation première, s'envoler dans les champs de l'espace et aller à la conquête d'un nouveau climat. Vous jettez un grain de blé en terre, bientôt il germe, sa génération s'opère, dans peu, l'accroissement lui donne une tige et encore quel que temps, et ce même grain devenu gracieux épi, balancera sous un soleil de Juillet ses mille boutons dorés .Mais cet accroissement de l'épi et de l'oiseau, cette croissance de l'homme ne peuvent s'effectuer qu'à l'aide d'un aliment bienfaisant, d'une nourriture salutaire, ayant la vertu de développer en eux le principe de vie. Il faut au grain de blé trois gouttes de pluie et de rosée, une suffisante couche d'air et quelques rayons de soleil ; il faut à l'oiseau ,l'air embaumé de son bocage, la chaleur et la nourriture de sa mère ; il faut à l'homme dans son enfance le lait maternel et plus tard le pain salutaire et le vin généreux.

Tout cela a lieu dans l'ordre de la grâce. La génération du chrétien se fait par le baptême, le principe d'accroissement lui est donné dans la confirmation et l'aliment spirituel pour le développer se trouve dans l'Eucharistie, sacrement à la réception ou à la confection du quel tous les autres se rapportent, et avec lequel ils procurent la vie éternelle. Admirons cette magnifique harmonie de l'ordre de la nature et de l'ordre de la grâce.

DIX-NEUVIÈME MÉDITATION.

La vie éternelle fruit de l'Eucharistie.

« La vie éternelle consiste, dit Jésus-Christ, à connaître Dieu le Père et celui qu'il a envoyé ; » connaissance qui ne demeure pas stérile, mais qui doit être pratique et qui doit faire produire des actes de vertu conformes à son étendue et à son objet. Si la vie éternelle consiste en cela, quel moyen de connaître mieux Dieu le Père que la sainte Eucharistie ? L'Écriture sainte voulant définir Dieu se sert d'un seul mot mais bien éloquent : *Deus charitas est.* Dieu est charité. » Il suffit donc de connaître l'amour de Dieu pour connaître Dieu. Eh bien ! regardons l'Eucharistie et voyons si l'on peut avoir une charité plus grande que celle qui consiste à donner sa vie pour ses amis. Regardons l'Eucharistie, et voyons si nous ne sommes pas forcés de nous écrier aussitôt : « Oui Dieu a tant aimé le monde qu'il a donné son fils unique. » Mais le vrai moyen de connaître le Père est de connaître le Fils, son image parfaite : « Philippe, disait le Sauveur à un de ses disciples, celui qui me voit, voit aussi mon père; » et ailleurs : « Mon Père et moi nous sommes un. » « Je suis en vous, ô mon Père, et vous êtes en moi; personne ne peut aller à mon Père que par moi. » Oh! étudions Jésus-Christ; connaissons Jésus-Crist; mais de la véritable connaissance, celle qui est jointe à l'amour, à la pratique, celle en un mot qui donne la vie. Dès que nous connaissons le beau, nous l'aimons, nous tâchons de l'imiter; rien de plus beau que Jésus-Christ. Etudions ses dispositions saintes, et mettons-les en pratique. C'est là, la véritable vie et Jésus-Christ ne veut parler que de celle-là, lorsqu'il dit : « Celui qui me mange a la vie; si vous ne me mangez, vous n'aurez point la vie en vous. Cette vie est vraiment la vie éternelle commencée sur cette terre. En nous approchant de l'Eucharistie, nous devons l'acquérir; c'est l'intention qu'a eue le Sauveur, il nous l'ordonne, et le grand Apôtre n'a pas de termes assez puissants pour nous inculquer cette vérité : Jésus-Christ est votre vie, dit-il, ayez des sentiments conformes aux siens. Dieu nous a prédestinés pour être conformes à l'image de Jésus-Christ. Jésus-Christ est toutes choses en tous ; vous êtes morts au péché et vivants à Dieu, en Jésus-Christ. » Qu'elles sont fortes ! qu'elles sont belles ces expressions ! qu'elles nous font bien comprendre la nécessité où nous sommes de vivre de la vie de Jésus ! Si le Sauveur est la vigne, si nous sommes les branches, nous devons avoir la même vie que le cep. Ainsi donc les dispositions de Jésus Christ doivent être les nôtres. L'humilité, la pureté, la sainteté, l'obéissance, l'abnégation, la mortification de Jésus-Christ doivent faire les délices de nos cœurs. Un chrétien qui communie est un autre Jésus-Christ; s'il agit, il doit agir comme Jésus-Christ. O vie de Jésus que tu es méconnue ! Que tu

es ignorée ! Heureuse l'âme qui te
connaît ; mais pleinement heureuse
celle qui te pratique !

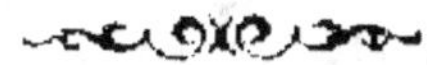

VINGTIÈME MÉDITATION.

La vie éternelle, (suite)

Qu'est-ce encore que la vie éternelle ? Le voici : l'union de l'homme avec Jésus-Christ, ne pouvant se réaliser complètement ici-bas, doit se perfectionner dans le ciel. Le Ciel ! Oh ! c'est là le plus beau fruit de l'Eucharistie. Le Ciel ! la gloire future ! l'Eucharistie en est le gage le plus assuré : « *futuræ gloriæ nobis pignus datur.* » C'est pour cela que la béatitude céleste nous est représentée comme un banquet : « Il en viendra d'Orient et d'Occident, dit le Sauveur, et ils se mettront à table avec Abraham, Isaac et Jacob. » Et lui-même à la fin des siècles « il fera mettre à table ses bons serviteurs et passant de table en table il les servira. Et le jour même de la Cène, pour appliquer cette idée au festin qu'il venait de faire avec ses disciples il leur dit : « Je vous prépare le royaume que mon père m'a préparé afin que vous mangiez et buviez à ma table dans mon royaume... Je ne boirai plus du fruit de la vigne jusqu'au jour où je boirai de nouveau avec vous dans le royaume de mon père. » Il voulut donc figurer la joie de ce festin éternel où les élus seront rassasiés, enivrés de l'abondance de sa maison et abreuvés des flots de sa pure volupté. « C'est pourquoi il institua ce divin banquet sur le soir, à la fin du jour, en figure de ce souper éternel qu'il nous fera à la fin des siècles lorsque toutes choses seront consommées. Attendons-nous donc à ce repas éternel où le pain des anges nous sera donné à découvert, où nous serons transportés de la joie du Seigneur à des ravissantes délices de son amour. » Que ne nous est-il permis de soulever en ce moment un coin de ce voile mystérieux qui cache à nos yeux les splendeurs de la Jérusalem céleste. Nous verrions au milieu des anges et des Saints ; au centre du palais divin, l'Agneau immolé dès l'origine du monde et de ses flancs percés s'échappant avec impétuosité ce fleuve d'amour, ce torrent eucharistique dont les ondes vermeilles réjouissent la cité de Dieu. « *Fluminis impetus lœtificat civitatem Dei.*» Nous verrions les nombreux élus blancs et purs comme ces colombes de l'Écriture, qui paraissent lavées dans le lait et qui se promènent sur les rives verdoyantes et fleuries d'un fleuve mystérieux. Nous les verrions s'abreuvant avec amour à ce torrent de délices. Leurs vêtements sont blancs, leurs robes sans tache ; parceque venant de la grande tribulation ils les ont lavés et blanchis dans le sang de l'Agneau : *Venerunt ex tribulatione magna, lav erunt stolas suas et dealbaverunt eas in sanguine Agni.* Ils jettent leurs palmes, leurs lys et leurs couronnes au pied de cet Agneau Eucharistique parceque, c'est à l'Eucharistie qu'ils doivent et leur vertus et leur amour et leur pureté et leur salut. C'est au sang, aux mérites et à la communion de Jésus-Christ que

Marie elle-même doit sa couronne immaculée. Les Saints tressaillent de joie sur les couches où ils sont assis près du banquet sacré : *Exultabunt sancti in gloriâ, lætabuntur in cubilibus suis ;* ils sont dans une jubilation perpétuelle, dans un éternel enivrement devant l'Agneau du festin mystique : *Epulentur justi et exultent in conspectu Agni...* Mais notre langue ne fait que bégayer en parlant de ce fortuné séjour et nous sommes forcés de finir en disant : « Non, l'œil de l'homme n'a jamais vu, son oreille n'a jamais entendu, son cœur n'a jamais goûté ce que Dieu prépare à ceux qui l'aiment. Goûtez donc, chrétiens, et voyez : *gustate et videte ;* approchez-vous de l'Eucharistie et un jour vos yeux s'ouvriront ; recevez souvent le sacrement d'amour et un jour il vous donnera le plus beau de ses fruits, la glorieuse immortalité.

VINGT-UNIÈME MÉDITATION.

Si vous connaissiez le don de Dieu !

La sainte Eucharistie peut bien être appelée le don de Dieu par excellence. C'est le plus beau présent que le ciel ait fait à la terre. Jésus-Christ y est tout amour, tout charité pour les pécheurs ; il agit avec eux avec la même bonté dont il usait autrefois lorsqu'il était sur la terre ; comme il agit avec le bon larron, avec la Magdeleine, la femme adultère et surtout avec la Samaritaine. C'est en effet dans la conversion de cette dernière, dans la manière touchante dont Jésus agit avec elle et la conversation qu'il entretient, que nous trouvons une des plus agréables figures de l'Eucharistie.

Notre Seigneur Jésus-Christ fuyant la haine des Pharisiens acharnés contre lui, venait de quitter la Judée et se rendait en Galilée, passant nécessairement par Samarie. Il arriva donc à une ville de cette contrée appelée Sichar ou mieux Sichem, d'après St-Jérôme et tous les commentateurs, près du puits qu'avait creusé Jacob, et qu'il avait donné à ses enfants pour s'y abreuver et abreuver leurs troupeaux.

Ce n'est pas sans raison que le fait se passe dans la ville de Sichem. Cette ville fameuse dans l'antiquité était sans doute bien coupable, ses habitants bien mauvais. Là, eut lieu l'enlèvement de Dina ; là, les enfants de Jacob mirent tout à feu et à sang. Mais quelque chose avait attiré les yeux du Très-Haut. C'était là aussi, d'après les interprètes, qu'Abraham passant de la Mésopotamie à la terre de Chanaan éleva son premier autel au Seigneur, comme figure de l'autel véritable que devait un jour arroser le sang de la sainte victime. Ce fut là que Jacob fuyant aussi la Mésopotamie fixa sa tente et offrit des sacrifices au Seigneur. Enfin, d'après St-Jérôme et d'autres interprètes, cette ville était la même que Salem et par conséquent elle eut le bonheur de posséder pour roi Melchisédech, prêtre du Très-Haut, type le plus parfait du véritable prêtre qui est Jésus-Christ. Ce fut là qu'il offrit le pain et le vin, et ses sacrifices figuratifs. Leur suave odeur était montée jusqu'au trône du Seigneur, et Jésus ne les avait pas oubliés. Aussi voulut-il, au moyen de la femme Samaritaine, convertir toute cette ville. Si la seule figure de la sainte Eucharistie a attiré tant de grâces sur Sichem, que sera-ce de la réalité? que sera-ce du monde, de la religion, du pays où se trouve l'adorable Sacrement? Ah! il est bien coupable le monde, mais Jésus est bien bon, et ce Jésus n'est pas loin de lui. Heureux le monde si, tôt ou tard, il se rend docile à la voix du Rédempteur; s'il reconnaît cet hôte divin! Il recevra, s'il approche de lui, les plus douces bénédictions. Oui, l'Eucharistie dans le monde est ce qui le sauve. Jésus-Christ prie, il intercède sans cesse pour lui. Quand l'Eucharistie aura quitté le monde; quand le dernier prêtre sera mort, quand la dernière hostie sera immolée,

alors le monde tombera. Apprécions
donc davantage cet adorable sacrement.

VINGT-DEUXIÈME MÉDITATION.

Si vous connaissiez le don de Dieu.
(Suite.)

C'était la sixième heure environ *hora erat quasi sexta* ; c'est-à-dire l'heure de midi, et, comme traduit Nonnus, l'heure qui fait naître la soif: *erat hora afferens sitim.* Le soleil était au milieu de sa course et lançait ses plus ardents rayons sur l'aride terre de Judée. C'était l'heure où les voyageurs ont l'habitude de s'arrêter pour prendre leur nourriture, et se mettre à l'abri dans quelque frais endroit. Jésus ayant déjà fait une longue course, fatigué de la route, couvert de sueur et de la poussière du chemin, préssé par la faim et la soif, Jésus s'était assis auprès de la fontaine sur les bords du puits de Jacob. Qu'il est touchant de voir ainsi Notre-Seigneur fatigué, succombant comme nous au besoin de la faim et de la soif. « Ah ! s'écrie ici St.-Augustin, ce n'est pas en vain que Jésus est fatigué ; ce n'est pas en vain qu'est fatiguée la force même de Dieu. Non, il n'est pas las en vain celui qui conforte ceux qui le sont, celui dont l'absence nous fatigue et dont la présence nous fortifie... Ah ! c'est pour toi, chrétien, c'est pour toi, âme bien-aimée que Jésus est fatigué du chemin. C'est la force de Jésus-Christ qui t'a créée ; c'est la puissance de Jésus-Christ qui a fait que ce qui n'existait pas existât ; mais c'est sa faiblesse, sa fatigue, ses infirmités qui ont fait que ce qui existait ne périt pas. Il nous forma par sa puissance mais par ses infirmités et ses souffrances il vint nous chercher dans nos égarements. » Il les a offertes à son père ses souffrances, pour le salut du genre humain, comme il dut offrir sans doute la fatigue du chemin, la chaleur, la faim et la soif, pour le bonheur éternel de cette âme qu'il allait sauver. Car ce n'est pas en vain que Jésus est assis là, près du puits de Jacob ; ce n'est pas sans dessein qu'il a choisi cet endroit préférablement à un autre. Il va faire là un grand acte de son amour; il sait que quelqu'un viendra à ce puits de Jacob; il sait qu'une pauvre âme se présentera et il la sauvera. Il va lui-même au devant d'elle; car sans cela cette âme n'irait pas d'elle-même vers lui. O tendresse ineffable de Jésus! O miséricorde de mon Sauveur envers les pécheurs! pourquoi les hommes ne vous comprennent-ils pas?...

VINGT-TROISIÈME MÉDITATON.

Si vous connaissiez le don de Dieu.
(suite.)

Le Sauveur est assis au bord du puits de Jacob. Il en est ainsi dans la sainte Eucharistie. Jésus-Christ y est assis, c'est-à-dire, il ne fait pas que passer, il y demeure, il y reste, il y attend les pécheurs. Il est fatigué, c'est-à dire qu'il a beaucoup souffert pour nous, lorsqu'il était sur la terre, et quoiqu'impassible dans le sacrement glorieux de son amour, il conserve encore sur son corps devenu immortel, les marques de ses nombreuses peines et de ses anciennes souffrances. Le chemin qu'il a parcouru pour nous a été long et difficile, semé de ronces et d'épines. « Le chemin de Jésus, dit l'admirable St-Augustin, est la chair qu'il a prise pour nous. Car, comment peut-il marcher et faire du chemin, celui qui ne manque nulle part puisqu'il est présent partout. D'où vient-il? où va-t-il? si ce n'est vers nous. Il vient prendre la forme visible de notre pauvre chair, notre misérable humanité. Puisqu'il a donc daigné venir vers nous en prenant notre chair et apparaissant sous la forme d'un esclave, ce revêtement de notre chair a été ce que l'on peut appeler son chemin; ainsi, fatigué du chemin, signifie fatigué dans sa chair » O sauveur Jésus! vous avez beaucoup souffert pour nous, vous portez encore les glorieuses cicatrices de vos souffrances et la Très-Sainte Eucharistie est le mémorial de votre douloureuse Passion. Mais vous y êtes fatigué d'une manière plus pénible encore, en voyant votre sang foulé aux pieds ; en voyant tant d'âmes qui délaissent votre tabernacle. Et néammoins, vous demeurez là ; vous attendez des cœurs et ne vous lassez jamais d'attendre. Vous demeurez assis auprès du puits ; c'est-à-dire auprès de la tiédeur, auprès de la froideur de tant de chrétiens. Vous demeurez là assis; car pour vous.

maintenant, c'est toujours la sixième heure, l'heure de votre amour, l'heure où le soleil de votre charité, toujours en son plein, toujours en son midi, brille de tout son éclat, brûle de tous ses feux. « La première heure, dit le grand Augustin, a été depuis Adam jusqu'à Noë; la seconde depuis Noë jusqu'à Abraham; la troisième depuis Abraham jusqu'à David; la quatrième depuis David jusqu'à la captivité; la cinquième depuis la captivité jusqu'au baptème de St-Jean, et maintenant nous sommes à la sixième heure. » Dans toutes ces heures vous avez donné des preuves de votre amour, ô mon Dieu; mais dans la sixième vous êtes allé jusqu'au terme de votre puissance pour nous le prouver. Vous êtes assis auprès du puits de Jacob dont la profondeur est l'image de la bassesse de notre pauvre habitation, de notre pauvre chair. Vous êtes assis pour marquer votre état d'humiliation. Vous demeurez ainsi dans l'Eucharistie, humilié encore mais toujours aimant, toujours brûlant de charité, offrant au pécheur votre sang pour le laver et votre chair qui a tant souffert, pour le nourrir. O ineffable bonté d'un Dieu !

VINGT-QUATRIÈME MÉDITATION.

Si vous connaissiez le don de Dieu.
(suite.)

Une femme de Samarie vient puiser de l'eau. Comme le cœur de Jésus dut battre fortement quand il vit cette femme qu'il attendait peut-être depuis longtemps, cette brebis égarée qu'il allait introduire dans son bercail. Cette femme était étrangère, en effet ; car les Samaritains n'appartenaient pas à la nation juive, avec laquelle ils avaient fait schisme etdont il étaient ennemis. Dans l'Eucharistie aussi le cœur de Jésus est content quand il sent venir une pauvre âme qui ne le connaît pas ; qui lui est étrangère ; qui est, peut-être, son ennemie et appartient au démon.

Il est cependant bien à remarquer que cette femme ne venait pas vers Jésus ; elle venait simplement puiser de l'eau ; mais c'était le Sauveur qui était venu auprès d'elle. Ainsi fait-il pour l'âme. Au moment où elle court après les plaisirs de la terre pour étancher, s'il est possible, la soif qui la tourmente, il va au-devant d'elle, l'attend auprès de ses plaisirs pour lui en faire goûter d'autres bien préférables.

Jésus dit à cette femme : « Donnez-moi à boire. » Il la prévient, il lui fournit l'occasion, le commencement d'un entretien. Heureuse si elle sait en profiter. « Donnez-moi à boire ! » Que ces paroles sont éloquentes dans leur brièveté ! Jésus-Christ semble lui dire : O femme ! voyez ; je suis harassé de fatigue, mes pieds sont couverts de la poussière du chemin ; le soleil est haut, de larges gouttes de sueur tombent sur mes habits ; j'ai soif, oh ! donnez-moi à boire : *Da mihi, da mihi bibere !* » Mais, Seigneur, de quoi avez-vous soif ? Est-ce de cette eau matérielle que va puiser cette femme ? Mais vous savez bien qu'elle ne vous en donnera pas, car elle est Samaritaine, et si un Juif touchait seulement à son urne, elle serait souillée elle-même. Du reste, quoique vous n'eussiez rien pour puiser de l'eau, vous pouviez par votre toute puissance la faire jaillir jusqu'à vos lèvres, ou, du moins vous auriez pu attendre encore quelques instants et vos disciples vous auraient donné à boire. De quoi avez-vous donc soif? Ah! je comprends; ici, comme au jour solennel où vous disiez sur la Croix : J'ai soif, *Sitio!* ce sont des âmes que vous demandez; et, de même que sur cette croix vous refusâtes la boisson que l'on vous offrit, de même vous eussiez, peut-être, refusé l'eau matérielle de cette femme à qui vous demandiez son âme, sa fidélité et son amour. Oui, voilà ce que Jésus demandait; voilà ce dont il avait soif dit St.-Augustin : *« Ille qui bibere quære- bat, fidem mulieris sitiebat.* St.-Jérôme ajoute : « la faim et la soif du Sauveur furent satisfaites par la foi de la Sama- ritaine: *Sitiensque et esuriens, Sama- ritanæ fide satiatus est.»* L'eau maté- rielle, il aurait pu la créer et se la procurer tout seul ; mais l'âme de cette pauvre femme il ne pouvait pas se la procurer tout seul. Dieu, qui ne gêne jamais la liberté de l'homme, veut son consentement dans l'œuvre du salut. Cette âme, il l'avait bien créée sans elle ; mais il ne pouvait la sauver sans elle : « *qui creavit te sine te, non justificabit te sine te.* »

Il en est de même dans la Sainte-Eucharistie. Une âme vient toute distraite au pied des saints autels ; quelque chose dont elle ne se rend pas compte, le pur hasard, peut-être semble l'avoir amenée là ; mais en réalité, c'est le doux Jésus qui l'appelle, qui la prévient. Là, auprès du tabernacle sacré, près de la véritable source d'eau vive, il lui fait entendre cette douce parole : « Donnez-moi à boire ; *da mihi bibere* ; j'ai soif de votre amour donnez-le moi, mon fils, ma fille ; assez et trop longtemps vous me l'avez refusé : « *Præbe fili mi cor tuum mihi.* Je suis à la porte et je frappe : *ecce sto ad ostium et pulso.* Oh ! quel bonheur pour vous si vous m'ouvriez, quel bonheur ! ouvrez moi donc *aperi mihi soror mea;* accueillez-moi dans votre esprit, dans votre mémoire et dans votre cœur. Ouvrez-moi, parceque ma tête, ma divinité est chargée de rosée, c'est-à-dire, de miséricorde pour pardonner les péchés ; et mes cheveux, mon humanité, des gouttes d'eau qui tombent pendent la nuit, c'est-à-dire encore, de la sueur, des larmes et du sang que j'ai versés dans ma Passion : *quia caput meum plenum est rore et cincinni mei guttis noctium. (Cantic.)* Donnez-moi donc à boire : *da mihi bibere.* Répondons à ces ardents désirs du Sauveur.

VINGT-CINQUIÈME MÉDITATION.

Si vous connaissiez le don de Dieu
(suite)

Personne n'entendait le doux colloque de Jésus avec cette femme, car les disciples étaient allés à la ville pour acheter du pain. Jésus l'avait ainsi permis pour pouvoir avec quelque raison demander à boire à cette femme, tenir conversation avec elle, afin de pouvoir lui reprocher son infidélité sans la faire rougir et opérer tout seul, plus rapidement, sa conversion. Quand Jésus veut convertir une âme, ou quand il veut la faire entrer plus avant dans les secrets de son amour il éloigne quelquefois tous les moyens humains, il agit seul et plus purement.

Jésus-Christ demande donc à boire à la Samaritaine et celle-ci s'en étonne. « Comment, vous, Juif, vous me demandez à boire, à moi femme

Samaritaine? Vous savez bien que Juifs et Samaritains n'ont point de commerce ensemble. » Cette femme l'avait reconnu à ses habits et à sa parole. Le Sauveur reçoit quelquefois dans son tabernacle des réponses plus dures Le monde et Jésus-Christ, l'âme pécheresse et l'innocence même sont des ennemis qui n'ont point ensemble de rapports. Il n'y a point convention de la lumière avec les ténèbres, du Christ avec Bélial. Que me demandez-vous répond le monde ; que me voulez-vous, dit le pécheur? Vous me demandez à boire, vous voulez mon cœur, mon âme ; tout cela appartient au monde ; mais vous, nous ne vous connaissons pas. Comment donc vous adressez-vous à nous? *Quomodo*? Pourrez-vous obtenir de nous quelque chose?

Ah! si vous connaissiez le don de Dieu! dit Jésus à la Samaritaine et si vous connaissiez celui qui vient de vous dire : « donnez-moi à boire ; vous lui eussiez fait, la première, la même demande et il vous aurait donné de l'eau vive! O monde, si tu connaissais la Sainte-Eucharistie! Si tu connaissais le plus beau gage de l'amour d'un Dieu! Si tu savais quelles délices y sont renfermées. Après tout, celui qui te demande ton cœur n'en a pas besoin pour être heureux lui-même; c'est pour ton bien qu'il le demande, c'est pour te remplir de consolotion! *Si scires donum Dei.* Il veut te communiquer son don. Son don, c'est sa grâce, son don c'est son amour, son don c'est lui-même. O monde si tu le connaissais, ce don divin; si tu connaissais Jésus-Christ, tu délaisserais ces fantòmes que tu poursuis, ces chimères auxquelles tu t'attaches et tu donnerais ton cœur à celui-là seul qui en est digne à celui-là seul qui peut le rendre heureux. O mon Dieu! faites-moi la grâce de connaître ce don; je veux l'étudier encore, car il doit y avoir des mystères cachés dans ce seul mot: Si vous connaissiez le don de Dieu!

VINGT-SIXIÈME MÉDITATION.

Si vous connaissiez le don de Dieu
(suite.)

« Si vous connaissiez le don de Dieu et celui qui vous dit : donnez-moi à boire, vous lui auriez peut-être demandé vous-même, et il vous aurait donné de l'eau vive.» Les Sts.-Pères ont entendu par ce *don de Dieu* et cette *eau vive* le Saint-Esprit et ses graces vivifiantes qui rendent la vie à l'âme des hommes. Mais ce don de Dieu, encore une fois, n'est-ce pas la Sainte-Eucharistie ? C'est le don de Dieu parce que c'est Dieu qui se donne, non plus seulement par sa grâce et par les présents de son Esprit mais qui se donne, se livre, s'abandonne lui-même: comme l'enfant se livre à sa mère, l'ami à son ami; que dis-je ? Une mère malgré tout son amour ne peut faire que le cœur de son fils passe dans le sien ou le sien dans celui de son fils. Les épanchements de l'amitié ne fondront jamais ensemble les âmes les plus liées. Mais quand un Dieu se donne il ne se prête pas! Quand un Dieu se donne dans la Ste.-Communion, par exemple, n'opère-t-il pas une effusion ineffable de toute sa substance, dans le cœur de celui qui le reçoit? « Venez, mangez, mes amis, enivrez-vous; engraissez-vous de ma substance, qu'il y ait union entre vous et moi; placez-moi comme un sceau sur votre cœur. « Mon bien-aimé est à moi et je suis à lui. » Aucune langue n'exprimera ce qui se passe, dans le secret du cœur, entre l'Epoux et l'Epouse : ces transports d'amour, ce calme, ces élans du désir, cette joie de la possession, ces douces étreintes, ces chastes embrassements de deux âmes perdues l'une dans l'autre, cette douce langueur, ces paroles brûlantes, ce silence plus ravissant encore que les paroles. « Qui me séparera de la charité de Jésus-Christ? Rien, absolument rien : rien dans ce monde, rien dans l'autre.» *Quis nos separabit a charitate Christi?* «Ah! si vous saviez le don de Dieu et quel est celui qui vous dit : donnez-moi à boire, vous lui demanderiez vous-même, et il vous donnerait de l'eau vive. Tous les saints lui ont demandé et il a entendu leur voix, et il les a désaltérés à la source éternelle. Demandez aussi, priez, suppliez : « l'Esprit et l'Epouse disent: Venez, et que celui qui écoute dise: venez. Que celui qui a soif vienne, et que celui qui veut, reçoive gratuitement l'eau qui donnera la vie.

Mais cette eau beaucoup ne la comprennent pas, comme la Samaritaine. Ce n'est pas une eau matérielle. «Quiconque boit de l'eau matérielle, dit le Sauveur, aura encore soif; mais celui qui aura bu de l'eau que je lui donnerai n'aura jamais soif et l'eau que je lui donnerai deviendra en lui une fontaine qui rejaillira jusqu'à la vie éternelle.» Les plaisirs du siècle, ne satisferont jamais la cupidité humaine;

mais la volupté des célestes jouissances rassasiera cette faim de bonheur que nous sentons en nous. Celui qui aurait une source d'eau au dedans de soi ne pourrait jamais avoir soif; ainsi celui qui est animé de la charité de Jésus-Christ ne peut plus être altéré du désir des biens terrestres. Ce bonheur ne s'accomplit qu'imparfaitement en cette vie, mais dans le ciel les élus seront enivrés de l'abondance des biens de la maison du Seigneur *inebriabuntur ab ubertate domûs tuæ*, ils seront plongés dans les flots d'un torrent de délices *torrente voluptatis tuæ potabis eos* et ils s'écrieront: « O Seigneur, c'est en vous que se trouve la véritable source de vie : *apud te est fons vitæ*: O mon Dieu faites-nous cette grâce! O beau jour de l'éternité quand luiras-tu sur nos têtes!...

VINGT-SEPTIÈME MÉDITATION.

Si vous connaissiez le don de Dieu !
(suite.)

« Cette femme lui dit : Seigneur donnez-moi de cette eau, afin que je n'aie plus soif, et que je ne vienne plus ici pour en tirer. » La pauvre Samaritaine n'a pas encore compris quelle est cette eau que le Sauveur veut lui donner. Attachée bassement à l'idée d'une eau sensible qui aurait eu la vertu de la désaltérer pour toujours, elle ne pouvait s'élever jusqu'aux biens spirituels, cachés sous cette figure. Le besoin de chercher un soulagement à sa soif, l'engageait, dit St-Augustin, au travail, et sa faiblesse la portait à désirer de s'en exempter. Heureuse, ajoute le même saint, si elle eût bien compris une autre sorte de soulagement qu'il promet à ceux qui sont fatigués et accablés, et qu'il invite à venir à lui !

« Seigneur, disaient les Juifs, don-
nez-nous toujours de ce pain : ce pain
dont vous avez dit, qu'il donne la vie
éternelle. Ils expriment par là, dit
Bossuet, le désir de toute la nature
humaine, où plutôt de toute la nature
intelligente. Elle veut vivre éternelle-
ment, elle veut ne manquer de rien ;
en un mot, elle veut être heureuse.
C'est encore ce qu'en pensait la Samaritaine, lorsque Jésus lui ayant dit : O
femme ! celui qui boit de l'eau que je
donne n'a jamais soif, elle répond aussitôt : « Seigneur, donnez-moi de cette
eau, afin que je n'aie jamais soif, et
que je ne sois pas obligée à venir ici
puiser de l'eau, » dans un puits si
profond, avec tant de peine. Encore un
coup, la nature humaine veut être heureuse. Elle ne veut avoir aucun besoin :
elle ne veut avoir ni faim ni soif ; aucun désir à remplir: aucun travail,
aucune fatigue : et cela, qu'est-ce autre chose, sinon être heureuse? Voilà
ce que veut la nature humaine : voilà
son fond. Elle se trompe dans les moyens ; elle a soif des plaisirs des sens ;

elle veut exceller : elle a soif des honneurs du monde. Pour parvenir aux uns et aux autres, elle a soif des richesses : sa soif est insatiable ; elle demande toujours, et ne dit jamais : C'est assez ; toujours plus et toujours plus. Elle est curieuse ; elle a soif de la vérité ; mais elle ne sait où la prendre, ni quelle vérité la peut satisfaire ; elle en ramasse ce qu'elle peut par ci, par là ; par de bons, par de mauvais moyens, et comme toute âme curieuse est légère, elle se laisse tromper par tous ceux qui lui promettent cette vérité qu'elle cherche. Voulez-vous n'avoir jamais faim, jamais n'avoir soif : venez au pain qui ne périt point et au Fils de l'homme qui vous l'administre : à sa chair, à son sang où est tout ensemble la vérité et la vie, parce que c'est la chair et le sang, non point du fils de Joseph comme disaient les Juifs, mais du fils de Dieu. « O Seigneur donnez-moi toujours ce pain ! » qui n'en serait affamé ? qui ne voudrait être assis à votre table ? qui la pourrait jamais quitter ? » O Jésus ! donnez-moi de cette eau : elle coula de votre cœur percé sur le Calvaire, et ses flots vivifièrent le globe. Mon pauvre cœur a une soif ardente ; tout le tente, tout l'attire ; le monde, la chair, les sens, le plaisir, tout l'entraîne et rien ne le satisfait. Donnez-moi de cette eau ; car il est si pénible de courir après le monde ; le puits est si profond, ses jouissances sont si basses ; il faut tant se courber, tant s'avilir pour les saisir ! Il faut tout perdre : et son innocence, et sa beauté, et son amour, et son cœur et son paradis ! Je vous en supplie, Seigneur, écoutez les cris d'une âme qui va périr de soif, d'un cœur qui se dessèche, d'un cœur qui a tant souffert, à qui tout a été enlevé sur la terre, jusqu'aux plus légitimes objets de ses affections : une dernière fois je vous le demande pour toujours : « donnez-moi de cette eau ! *Da mihi hanc aquam !*

VINGT-HUITIÈME MÉDITATION.

Si vous connaissiez le don de Dieu. !
(suite).

On peut expliquer dans un sens spirituel ce que Jésus-Christ dit à la Samaritaine *d'appeler son mari*. L'Epoux légitime du peuple Juif était Dieu qui a daigné prendre souvent dans les Écritures cette qualité à l'égard des Juifs. Les Samaritains s'étaient séparés des Juifs et avaient violé cette alliance du vrai Dieu avec son peuple. Il fallait donc qu'ils *rappelassent l'Epoux* légitime, et qu'ils s'éloignassent du corrupteur de leur pureté, c'est-à-dire, du démon, pour être en état de comprendre ces grandes vérités de la loi nouvelle que Jésus venait découvrir aux vrais enfants d'Israël. Ainsi le Sauveur rappelait la Samaritaine à l'unique époux digne de son cœur. Il l'obligeait d'invoquer en elle celui qui pouvait la rendre digne de participer aux eaux vives qu'il lui promettait.

Tous les jours il daigne nous faire la même invitation, lorsque dissipés au dehors et abandonnés à l'amour du siècle, qui tient comme un époux étranger, la place de Dieu dans notre cœur, nous entendons la voix du Seigneur nous dire : Ecoutez-moi, maison de Jacob, et vous tous qui êtes restés de la maison d'Israël, vous que je porte dans mon sein et que je nourris dans mes entrailles, » comme une mère porte et nourrit son enfant. « A qui m'avez-vous comparé et égalé, vous qui donnez une certaine quantité d'or et d'argent à un ouvrier, afin qu'il vous fasse un dieu devant qui vous vous prosterniez, et que vous adoriez ? Souvenez-vous de moi et soyez couverts de confusion. Rentrez dans votre cœur, prévaricateurs insensés : *Reddite prevaricatores ad cor.* Rappelez à votre esprit les siècles anciens et ils vous convaincront que je suis Dieu et qu'il n'y a personne de semblable à moi. » Ces reproches que Jésus nous fait en tendre de son tabernacle paraissent amers mais ce n'est que l'amour qui les lui fait faire. Ecoutons-les avec la résignation de la Samaritaine.

Elle fait paraître plus de douceur et de soumission que les Juifs; elle ne lui dit pas comme ceux-ci, qu'il est possédé du démon; mais elle commence par connaître l'excellence de celui qui lui parlait. Sa foi est encore faible, dit quelque part St-Cyrille, puisqu'elle donne le nom de Prophète à celui qui est l'inspirateur de tous les prophètes, mais enfin elle s'avance peu à peu et par degrés. Elle ne parle donc plus de cette eau qu'elle demandait auparavant. Mais regardant le Sauveur comme un prophète elle profite, pour ainsi-dire, de son occasion, pour éclaircir avec lui le point en dispute entre les Samaritains et les Juifs. Ceux-ci soutenaient qu'il était contraire à l'ordonnance de Dieu *qu'on l'adorât*, c'est-à-dire; qu'on lui offrit des sacrifices ailleurs que dans la ville de Jérusalem. Les Samaritains, au contraire, suivant les exemples de leurs pères pensaient avoir raison d'offrir leurs sacrifices sur *la montagne* de Garizim qui s'élève près de Sichem. C'était-là qu'Abraham avait essayé le sacrifice imparfait de son fils Isaac; là, se trouvait la fontaine de Jacob; là, les Samaritains avaient élevé un temple qui devait être détruit deux cents ans après par Hircan fils de Simon Machabée. La femme de Samarie ne parle en effet d'aucun temple; mais seulement de *la montagne où leurs pères avaient adoré.*

Suivons l'exemple de cette femme. Si nous avons le bonheur de rencontrer un instant Jésus-Christ sur le chemin de notre existence; si, auprès du tabernacle, il nous est permis de soupirer de temps en temps; exposons au roi des Prophètes toutes nos difficultés. Et qui n'en a pas quelqu'une? qui n'a pas quelque chose à rectifier dans son esprit? qui n'a pas beaucoup à dire au Sauveur? Ah! si par un miracle, il nous apparaissait réellement au détour d'un chemin; à l'ombre d'un arbre, sur les bords d'une source limpide, n'est-il pas vrai qu'après quelques moments de stupeur, rassurés par sa bonté nous lui ouvririons notre âme, et dans l'épanchement ineffable d'une confiance qui ne risque pas d'être trahie, nous lui dirions des choses que l'oreille d'un ami n'a jamais entendues? Quel cœur n'a pas ses secrets? quelle conscience n'a pas ses peines.? O Jésus, mon frère par l'incarnation, qui me donnera de vous trouver seul et de vous ouvrir tout mon cœur: *Quis mihi det Domine ut inveniam te solum?* Qui me donnera de vous parler comme un ami parle à son ami, assis ensemble à la même table! Oui, j'irai à la table eucharistique; comme Jean, je poserai mon oreille sur votre cœur et j'écouterai vos divines réponses, en attendant le jour où vous rencontrant à jamais au Ciel, dans une éternelle extase d'amour, je commencerai ce colloque dans lequel vous disant tout en un instant, je ne vous aurai pourtant jamais tout dit !

VINGT-NEUVIÈME MÉDITATION.

Le temps va venir; il est venu. . .

« Femme, croyez-moi, le temps va venir où vous n'adorerez plus le Père ni sur cette montagne, ni dans Jérusalem. Vous adorez, vous autres, ce que vous ne connaissez point : pour nous, nous adorons ce que nous connaissons ; car le salut vient des Juifs. » Le Sauveur ne fait pas attendre sa réponse ; mais préalablement il demande notre foi. « Femme croyez-moi ; » c'est-à-dire, quittez vos préventions, renoncez à tous vos raisonnements et ajoutez humblement foi à ce que j'ai à vous dire. Non, vous n'adorerez plus comme vous avez fait jusqu'à ce jour, par des sacrifices impuissants et seulement figuratifs. Ils feront place à l'unique Hostie qui sera offerte pour tous les hommes. Vous ne savez pas ce que vous adorez ; vous adorez Dieu comme s'il était corporel et vous mêlez à votre culte mille superstitions abominables. Nous autres nous adorons ce que nous connaissons, nous savons que le Messie doit naître selon la chair, de la race de David. Ame chrétienne, tu adores mal quand tu n'as point d'amour pour la sainte Eucharistie. Ta dévotion est fausse et mal entendue quand elle n'a pas pour centre et pour fin l'adorable sacrement de nos autels. La dévotion aux Saints, à Marie elle-même est mal éclairée si elle se sépare de la dévotion à Jésus. Toutes ces dévotions doivent conduire à la grande dévotion par excellence, qui, du reste, a été la dévotion de Marie et de tous les saints. Allons, ô mon âme, quitte tes idées étroites, tends de tout ton poids au Très-Saint-Sacrement ; car l'heure est venue ; écoute le Sauveur.

« Le temps vient et il est déjà venu, où les vrais adorateurs adorent le Père en esprit et en vérité, car ce sont là les adorateurs que le Père cherche. Dieu est esprit et il faut l'adorer comme tel. » Le temps vient, il vient avec moi

par conséquent il est venu ; la réalité
a succédé à la figure, les vrais adorateurs se forment. Disparaissez ombres
de la loi ancienne; le soleil Eucharistique va resplendir de tous ses rayons.
Moi-même, parfait adorateur de mon
Père ; je vais m'immoler chaque jour
en son honneur. Les chrétiens s'uni-
ront à moi et s'offriront aussi comme
une hostie vivante, sainte et agréable
à mes yeux.

La Prophétie du Sauveur s'est-elle
accomplie ? L'heure est-elle venue ?
Ah! il nous est permis de l'assurer.
Oui l'heure est venue où les vrais adorateurs adorent en esprit et en vérité.
Venez avec moi à l'heure que vous vou-
drez, devancez l'aurore, ou bien si vous
le voulez, profitez du repos des nuits
et je vous mènerai non plus sur le mont
Garizim, non plus à Jérusalem, mais
dans quelqu'un de nos temples à nous,
et je vous montrerai la véritable victime
et ses vrais adorateurs. O adoration
perpétuelle ! continuation de celle que
Jésus rendit à son Père dès le premier
instant de son Incarnation, prélude ma-

gnifique de l'éternelle adoration des bienheureux, sois plus que jamais l'accomplissement des promesses du Sauveur à la Samaritaine. Réunissez-vous donc adorateurs véritables, et élevez-vous à la hauteur du sacrifice Eucharistique. Immolez-vous, vous-mêmes et rendez amour pour amour à un Dieu qui vous aime tant. Et vous qui êtes encore trop faibles pour vous immoler offrez quelque chose au Dieu de l'Eucharistie. Venez orner ses autels et préparer ce qui doit servir de près ou de loin au sacrifice de la loi nouvelle. Heureux si vous pouvez vous dire un jour : j'ai bâti un autel à mon Dieu, j'ai recueilli son sang dans un vase précieux; j'ai enveloppé son corps dans des linges bien purs. Ah ! celui-là même vous rendra tout ; pour un autel sur la terre, il vous dressera un trône dans le Ciel ; vous avez recueilli son sang, il a recueilli vos larmes et il les changera en perles et en diamants pour votre couronne; vous avez enveloppé son corps, il vous couvrira entièrement du manteau de la gloire.

TRENTIÈME MÉDITATION.

C'est moi-même qui vous parle.

Voilà le dernier mot de Jésus à la Samaritaine ; qu'il soit le dernier mot de ce livre. Vous l'avez lu, et, peut-être, car la grâce se sert de tout, peut-être vous avez senti quelque chose. Qu'est-ce que c'est ? . . Vous n'en savez rien ; je n'en sais pas davantage. Mais je crois que si en cet instant vous recueillez vos impressions ; si, en cet instant, vous faites un peu silence, vous entendrez comme un dernier murmure d'une voix qui vous est connue. N'entendez-vous pas dans le lointain de votre cœur quelque chose qui ressemble à ces paroles : « C'est moi-même qui vous parle. » Oui, vous l'entendez, et si vous me le permettez, je vais vous faire la révélation de ce qui s'est passé dans votre âme. Vous avez compris que le sacrement adorable de nos autels est le gage d'un immense amour, mais à la vue des péchés innombrables qui, peut-être, ont souillé une vie entière des taches les plus hideuses, vous hésitez à vous en approcher. Pourtant quelque chose vous dit bien d'aller vous laver dans les eaux salutaires de la pénitence et d'approcher du sacré festin. Faites-le et entendez la voix de Jésus qui vous dit : « C'est moi-même qui vous parle. » qui vous ai toujours parlé. Peut-être moins malheureux vous aviez de l'estime pour l'Eucharistie ; mais, soit à cause de l'entraînement des affaires, de la vivacité des jouissances, d'un bonheur que vous aviez cru interminable, vous ne vous en approchiez que très-rarement. Et voilà que maintenant le monde vous a quittés, la source de vos plaisirs est tarie ; ce bonheur que vous faisiez si long dans vos rêves d'avenir est arrivé bientôt à sa fin ; il ne vous reste personne à qui ouvrir votre cœur et vous avez dit : Si je me rapprochais de Jésus ; si j'allais chercher les consolations eucharistiques. . . . . mais je n'ose pas, il faut être si saint! Et n'est-ce pas assez d'être malheureux? Vos infortunes passées et vos misères présentes ne sont-elles pas un titre suffisant à la pitié du charitable médecin. Entendez donc sa voix vous dire: « Venez, c'est moi-même qui vous parle. *Ego sum qui tecum loquor.* Allez donc à lui : il vous aime plus qu'un serviteur qui, pour ses gages, vous entoure de quelques soins; plus qu'un fils qui croit avoir accompli son devoir s'il rend heureuse votre vieillesse; plus qu'une épouse qui croit avoir fini sa tâche lorsqu'elle a partagé vos joies ou tari vos larmes. Allez-y et allez-y souvent, et vous n'aurez pas lieu de vous plaindre. . . . . Peut-être votre cœur a beaucoup souffert, vous êtes de ces âmes faites pour aimer, mais vous donnâtes trop de liberté à votre amour; vous le séparâtes de cet amour inviolable que vous deviez à Dieu, ou du moins le premier amour ne s'embrasa qu'aux dépens du second; et alors naturellement vous avez été malheureux. Jésus-Christ vous le reproche en ce moment comme il le fit à la Samaritaine ; mais son reproche est doux ; c'est une invitation à changer l'objet de votre amour. Je veux même que votre affection soit pure et légitime ; je veux que vous luttiez fortement pour la conserver telle ; mais, peut-être, vous ne trouvez pas de la réciprocité. L'ami que vous pressez sur votre sein et à qui vous manifestez toute votre âme vous donne bien son temps, ses soins, ses richesses, mais il vous refuse son amour. J'admets encore que votre cœur soit brisé par les déceptions et les ingratitudes ; ne sont-ce pas tout autant de raisons pour vous rapprocher du véritable foyer de l'amour ? Allez-y ; il ne vous défendra pas d'aimer, mais vous aimerez ce qui doit l'être ; tous vos amis, vous les aimerez en Dieu et pour Dieu, et votre amour se purifiera de plus en plus et il deviendra cet amour surnaturel des âmes dont le Sauveur parlait, quand il disait : « Je vous fais un commandement nouveau. » Alors il vous sera permis de faire après la sainte commu-

nion cette prière d'une âme aimante !
« Je me presse contre vous, ô Jésus,
comme l'enfant effrayé sur le sein de
sa mère. Et non-seulement je me ré-
fugie et me presse sur votre sein, ô Dieu
vivant, mais encore sur le sein de tous
ceux que je dois aimer. Je les embrasse
pour me retenir dans la vie. Car enfin,
qu'est-ce donc que ma vie, si ce n'est
vous, Homme-Dieu, et lui, et elle, eux
tous, Seigneur, eux tous que vous m'a-
vez donnés, et à qui vous m'avez donné ? Et pourquoi donc est-ce que j'aime
la vie, sinon par ce que je les y trouve ?
Pourquoi la mort m'épouvante-t-elle,
sinon parce que j'ai horreur de les perdre ? Est-ce que je tiendrais à la vie,
si j'étais seul ? Si j'étais seul, ô Dieu,
si j'étais le seul homme vivant, j'ima-
ginerais, par horreur du désert, la mort
sans la connaître et je l'invoquerais,
car j'aurais l'espérance, en m'en al-
lant d'ici, de rencontrer quelqu'un
ailleurs ! Ainsi, bien certainement ce
sont eux qui me tiennent dans l'amour
de la vie. Est-ce assez dire. Non, il
faut dire que ce sont eux qui me tien-

nent dans la vie. Est-ce assez dire encore? Non, il faut dire que par vous, après vous, avec vous, mon Dieu, ils sont ma vie! Aussi, la principale démonstration de l'immortalité de l'âme, c'est que l'on a besoin d'aimer toujours ceux que l'on aime. C'est vous qui l'avez dit, ô Maître bien aimé, en deux paroles que j'ai le droit d'unir : « S'aimer les uns les autres, c'est la vie éternelle. » (1)

Voilà votre prière à vous, âmes encore faibles et qui craignez les grands sacrifices. Faites-là et entendez Jésus vous dire : c'est moi-même qui vous parle. *Ego sum qui tecum loquor.*

Et vous âmes ferventes qui, peut-être avez senti augmenter votre amour par la lecture de ces quelques lignes, voici la vôtre de prière : « Mon Dieu ! mon amour ! vous êtes tout à moi et je suis tout à vous. Dilatez-moi dans l'amour afin que j'apprenne à goûter au fond de mon cœur combien il est doux d'aimer, et de se fondre et de se perdre dans l'amour. Que l'amour me ra-

(1) le P. Gratry. *Connaissance de l'âme.*

visse et m'élève au-dessus de moi-même, par la vivacité de ses transports. Que je chante le cantique de l'amour, que je vous suive, ô mon bien-aimé, jusque dans les hauteurs de votre gloire, que toutes les forces de mon âme s'épuisent à vous louer, et qu'elle défaille de joie et d'amour. Que je vous aime plus que moi, que je ne m'aime moi-même que pour vous, et que j'aime en vous, tous ceux qui vous aiment véritablement ainsi que l'ordonne la loi de l'amour, que nous découvrons dans votre lumière. » (Imitation. liv. 3. chap. 5.)

Quittez maintenant ce petit livre, ô vous qui l'avez lu, et allez vous prosterner devant le saint autel auprès duquel il a dû être votre introducteur; là, n'écoutez plus personne autre que celui qui disait à la Samaritaine et qui vous le dira aussi à vous : « C'est moi-même qui vous parle. »

Ainsi-soit-il.

Nous croyons faire plaisir au lecteur en lui faisant connaître l'histoire suivante écrite par le R. P. de Géramb, dans ses *Lettres à Eugène sur l'Eucharistie*, et reproduite déjà par d'autres auteurs qui ont parlé du Très-Saint Sacrement.

HISTOIRE

DE MARIE-ANGE.

Une jeune personne d'une grande naissance, mais d'une piété plus grande encore, dont la très-sainte Eucharistie faisait les délices, intimidée par les dangers du siècle, les obstacles qu'il apporte à une fréquente communion, et persuadée que la douceur de cette manne cachée ne peu être bien goûtée que par ceux qui se dérobent au monde, résolut, après avoir perdu sa mère, de tout abandonner pour pouvoir se procurer le bonheur de communier souvent. Elle quitta le palais paternel, dit adieu à la douce contrée qui la vit naître, et se rendit dans un monastère éloigné, pour ne plus s'occuper que de celui qui était son amour, dans le secret de l'ombre et du silence. En arrivant dans le séjour d'innocence et de paix qu'elle avait choisi, elle ouvrit les replis les plus secrets de son cœur à la supérieure et au confesseur du monastère, deux saintes âmes, et leur avoua que le plus puissant motif qui l'avait engagée à quitter le monde était l'espoir de pouvoir approcher plus souvent et plus dignement de l'auguste Sacrement de ce père tendre, qui aime ses enfants jusqu'à les nourrir de sa propre substance à la table de son amour. La supérieure, de concert avec le confesseur, touchée de la tendresse que cette amante de Jésus-Christ ressentait pour le divin époux de son âme, et ne pouvant refuser à

une foi si vive et si pure ce qui faisait
son unique bonheur, lui permit, après
quelque temps d'épreuves, une fréquente communion; et une année après
qu'elle eut prononcé ses vœux, une
communion journalière. Qui pourrait
dépeindre le bonheur de la sœur
Marie-Ange (c'était son nom), de
pouvoir se nourrir tous les jours de ce
pain éternel descendu du ciel, et qui
en renferme les délices, de cette
viande céleste, de cette divine Eucharistie, de ce sacrement de Jésus-
Christ, mystère d'amour, en un mot,
de ce corps adorable de son Seigneur
et de son Dieu? L'âme solitaire de la
sœur Marie-Ange se nourissait de Jésus et d'espérance; tout à Dieu, elle
bénissait sa main miséricordieuse qui
l'avait retirée du monde et éloignée
des tabernacles des pécheurs, où tout
est perfidie, tromperie, séduction, où
l'on ne rencontre que des biens faux,
des ombres, des fantômes de bonheur
qui se jouent des hommes, et condui-
sent à des maux véritables. Elle pas-
sait tous les moments dont elle pouvait

disposer devant le très-saint Sacrement, semblable à une colombe gémissante d'amour; et souvent, après y être restée une journée entière, lorsque tout sommeillait, elle se levait pour y retourner encore.

Le silence de la nuit, les pâles rayons de son astre traversant les antiques fenêtres de l'église; la statue colossale de la sainte Vierge derrière l'autel, tenant dans ses bras tutélaires l'Enfant divin qui aime et qui veut être aimé; l'ombre des colonnes qui entouraient le sanctuaire semblaient lui murmurer tout bas le doux nom de Jésus. Là, comme un lis penché, les deux mains sur son cœur, palpitant d'amour et de bonheur, elle disait avec une voix qui, par intervalle, expirait de tendresse.... « Sacrement de mon Dieu. Jésus, ma vie et mon amour, que j'aime à être avec vous!.... Que vous êtes nécessaire à mon cœur!.... Les doux, les tendres sentiments que vous excitez dans mon âme!.... Dieu d'amour, objet divin de mes félicités sur la terre, quelle paix je goûte près de

vous!.... quelle joie sainte!.... quels aimables transports dans les douleurs mêmes et les regrets de mes offenses?. Devant vous, l'univers est dans un profond silence.... Devant vous, tout ne m'est plus rien.... Vous seul, ô mon Jésus! m'êtes tout.... Ah! disparaissez de ma mémoire, chefs-d'œuvre de l'art, palais que j'ai habités, vaine montre de la magnificence et de l'orgueil humain; je ne veux et ne désire que les chefs-d'œuvre de l'amour de mon Dieu, les héroïques sacrifices de sa tendresse, une pauvre cabane, un peu de paille, de simples bergers prosternés pour adorer, bénir. Voilà ce que mon cœur demande et vient obtenir ici.... Autel, tu me rappelles la crèche.... Nouveau berceau de J.-C. naissant, tu renfermes toutes les délices de mon âme attendrie.... O mon Jésus en vous sont tous les biens, en vous est tout l'amour.... Grand Dieu, exaucez mes prières. . . . Puissé-je mourir devant votre tabernacle, brûlante d'amour ou noyée dans mes larmes!....»
Et les heures fugitives ramenant le

réveil de l'aurore, la trouvaient encore devant l'objet adorable et si cher à son cœur; ce qui ne surprenait point la communauté, qui connnaissait et respectait sa haute vertu, et l'ineffable tendresse qu'elle avait pour le saint Sacrement de l'autel. Elle avait journellement des preuves que la sœur Marie-Ange ne faisait pas seulement consister son amour de Dieu à répandre des larmes ou à sentir ces douceurs et ces tendresses que la plupart des personnes désirent pour en faire leur consolation, mais qu'elle le faisait surtout consister à servir Dieu avec courage, avec constance, avec fidélité, à pratiquer l'humilité. Cependant la supérieure, cette tendre amie de Marie-Ange, après avoir fourni une longue carrière par son âge, mais plus longue encore par le bien qu'elle avait fait, s'endormit dans le baiser du Seigneur; et son âme, escortée de ses œuvres et de ses vertus, se présenta devant le trône du Tout-Puissant, pour recevoir des mains du Dieu rémunérateur, la récompense due à ses fatigues et à ses travaux. Marie-Ange recueillit sur sa bouche expirante sa bénédiction, reçut son dernier soupir sur son sein, et ce qui acheva de porter le deuil dans son âme, ce fut la perte de son confesseur, qui ne survécut que de quelques jours à la supérieure. C'était un saint prêtre, et un de ces directeurs qui ont toujours sous les yeux la vie de Jésus-Christ et l'étudient sans cesse; qui aiment à annoncer plutôt le Dieu qui pardonne que le Dieu qui punit. Il avait gravé dans son cœur que, sans la charité du bon pasteur, il était impossible d'exercer le ministère, et qu'un directeur judicieux devait peser toutes choses dans la balance de la charité évangélique, afin de concilier prudemment les lois de la miséricorde et de la justice, les obligations et les facultés du pécheur, la gloire de Dieu et la misère de l'homme. Il sentait profondément les biens infinis que procurait une communion fréquente, et il aimait à dire que pour communier souvent, il fallait vivre saintement, mais que, pour parvenir à vivre saintement, il fallait communier souvent. Les religieuses du monastère dont il était le confesseur, monastère renommé pour sa sainteté, communaient très-fréquemment, et la supérieure défunte, ainsi que Marie-Ange, presque tous les jours.

Cependant le Tout-Puissant, ce Père des miséricordes, qui aime à guider vers le repos des cieux par l'âpre sentier des souffrances, qui ébauche les saints sur le Thabor, mais qui les achève sur le Calvaire, permit que la nouvelle supérieure ainsi que le nouveau confesseur crussent devoir retrancher à Marie-Ange toutes les permissions et priviléges qu'elle avait eus jusqu'alors et ne lui permissent de communier que de quinze jours en quinze jours. Elle obéit sans se plaindre...
« Pourvu, disait-elle en elle-même, qu'ils me laissent soupirer aux pieds du Dieu que j'adore... Son amour sera le baume qu'il faut à mes maux... Lui seul les connaît. C'est pour lui que je souffre... Il le sait! il le voit!... C'est assez pour mon cœur... » Mais accoutumée à s'unir, dans le très-saint

Sacrement, tous les jours à Jésus, son unique bonheur, ce pain de vie qui avait jusqu'alors soutenu son courage venant à lui manquer, contrainte dans sa tendresse, l'âme en deuil, sa santé s'altéra: pâle, abattue, on ne la reconnaissait plus; telle qu'une fleur qui s'épanouit le matin par les caresses du zéphir et les pleurs de l'aurore répand son doux parfum dans la campagne et se flétrit peu à peu le soir, ainsi sœur Marie-Ange languissait, et plus que jamais, dans le sein des nuits, après avoir arrosé sa triste couche de pleurs, elle allait se prosterner devant le tabernacle qui renfermait Jésus, son bonheur et sa vie, l'objet de son amour et de ses regrets.

Avec une voix entremêlée de sanglots qui paraissaient le gémissement de la colombe plaintive, elle se disait: « Où est ton Dieu, ô Marie-Ange? Que sont devenus les heureux moments où tu goûtais à sa table journalière les douceurs de cette chair divine qu'il te présentait, malgré ton indignité?... » Puis d'une voix basse, semblable à la dernière prière du chrétien qui expire, elle soupirait vers lui ces accents de la douleur : « O Jésus ! mon amour et mon roi, mon tendre maître et mon Dieu, et l'unique objet de ma tendresse... Oui, je vous aime, mon bien-aimé, et la cruelle privation à laquelle on m'a réduite ne fait qu'accroître mon amour à chaque instant... Le torrent des eaux de l'adversité ne peut ni en suspendre l'activité, ni en éteindre les ardeurs... » Ce qu'elle souffrait, depuis qu'elle n'avait plus la permission d'une fréquente communion, ne peut se décrire. Se privant de ses larmes, elle cachait sa douleur à sa supérieure, devant laquelle elle n'osait tout au plus que faire entendre un soupir pour se plaindre et bénir. Cependant ses jours s'éteignaient au souffle de sa pieuse tristesse ; et succombant enfin à son inconsolable amour, on la trouva un jour évanouie au pied du sanctuaire ; elle fut portée à l'infirmerie, où la supérieure se hâta de se rendre, et la trouvant très-mal, elle ordonna qu'elle fût administrée...

« Ma mère, lui dit Marie-Ange, d'une voix mourante, votre fille, succombant à un mal qui la dévore, ne vivra bientôt plus que dans votre cœur... Le déclin du jour va peut-être s'éteindre avec elle... Ne me refusez pas une grâce que je vais vous demander... C'est la première fois que votre enfant ose implorer votre bonté, bonté qu'elle implore de sa bouche expirante... et avec une voix qui n'a plus que quelques sons à rendre... » La supérieure, vivement émue, lui répondit que, si c'était dans son pouvoir, elle ferait tout ce qu'elle désirerait.

« Ma mère, reprit Marie-Ange, depuis longtemps je languissais dans l'attente de ce beau jour qui doit me réunir à l'époux de mon âme, dans cet heureux séjour où sont allés tous mes soupirs depuis que j'ai le bonheur de vivre dans cette sainte maison... Il va venir... Ce Dieu de miséricorde va se donner à moi en viatique... Il vient visiter, consoler, soutenir, ce Dieu souverainement adorable, ce Dieu d'amour, son enfant, son épouse, couverte des ailes de la mort... O ma mère ! conjurez le Tout-Puissant, dites à mes bonnes sœurs de le supplier d'envoyer ses anges, afin qu'ils me disposent à une si belle fête par leurs saintes inspirations ; qu'il leur commande de se tenir autour de moi ; afin qu'ils le reçoivent eux-mêmes, quand il viendra me visiter, afin que tout le temps qu'il restera avec moi, ils lui fassent une cour semblable à celle qu'il a dans le ciel... Il va venir, le bien-aimé... C'est surtout l'heure d'amour, l'heure où nous avons le bonheur de le recevoir en viatique !...

« Ma mère, priez donc la Reine du ciel de l'accompagner... Mais le voilà !.. il m'appelle... Oui, ma mère, c'est l'accent de cette voix si chère... Il vient .. Pour la dernière fois je vais le recevoir dans ce sacrement d'amour; pour la dernière fois il va reposer sur ce cœur qui ne palpita que pour lui. » Et, prenant les mains de la supérieure, qu'elle serrait dans ses mains défaillantes, elle ajouta .. « Madame, vous m'avez promis d'exaucer les prières que j'oserais vous adresser ; eh bien, ma mère, ordonnez que le chemin par où Jésus, ce roi de gloire, ce Dieu des hommes et des anges, ce Dieu du ciel et de la terre, ce Dieu des temps et de l'éternité... ce bien-aimé, votre époux et le mien, Madame, ordonnez que le chemin par où il va passer, ainsi que cette salle où son épouse expire, soient jonchés de fleurs... » La supérieure, surprise, réfléchit un moment, et lui dit : « Vous allez, ma chère enfant, être satisfaite ; » et bientôt après une foule de religieuses parsemèrent de roses, d'œillets, de jasmin et de mille fleurs qu'elles arrosaient de leurs larmes, l'église, les cloîtres et l'infirmerie. Cependant toutes ses sœurs, en long cortége, s'avancent, accompagnant un cierge à la main, le Dieu consolateur, et mêlant leurs cantiques aux tristes son de l'airain frémissant.

A l'approche du Dieu trois fois saint, Marie-Ange, malgré son extrême faiblesse et malgré la sœur infirmière qui voulait la retenir, se précipite de sa

couche, et attend, prosternée et sou-
tenues de quelques sœurs, celui pour
qui seul elle respire encore, et reçoit
les derniers sacrements avec une tendresse, une piété, une ardeur angé-
liques. Bientôt, sa faiblesse augmen-
tant, elle fut remise sur sa couche,
couverte des ombres du trépas; elle
serrait sur son sein l'image de celui
qui fut le doux charme de sa vie, et
priait d'une voie douce ses sœurs, qui
fondaient en larmes, de ne point en-
vier son bonheur.

Il était sept heures du soir lorsqu'elle
expira.

Ainsi périt d'amour pour son Dieu,
à la fleur de son âge, cette amante de
Jésus-Christ, pour avoir été privée de
celui qu'elle aimait si tendrement. On
trouva sur son cœur un médaillon où
était peint un saint sacrement avec
cette devise : *C'est pour lui que j'existe.*
Et plus bas était écrit d'une main trem-
blante, et problablement peu de temps
avant sa mort : *C'est pour lui que j'expire.*

FIN.